남성과 여성을 위한

50가지 핵심 질문

남성과 여성을 위한 50가지 핵심 질문

2017년 11월 23일 초판 1쇄 발행
2021년 4월 20일 초판 2쇄 발행

지은이 | 존 파이퍼 & 웨인 그루뎀
옮긴이 | 신현국
펴낸이 | 박영호
펴낸곳 | 도서출판 솔로몬

주소 | 서울시 동작구 사당로 143
전화 | 599-1482
팩스 | 592-2104
직영서점 | 596-5225

등록일 | 1990년 7월 31일
등록번호 | 제 16-24호

ISBN 978-89-8255-561-9 03230

50 Crucial Questions: An Overview of Central Concerns about Manhood and Womanhood
Copyright ©2016 by The Council on Biblical Manhood and Womanhood
Published by Crossway, 1300 Crescent Street, Wheaton, Illinois 60187 USA.

First published on its own as 50 Crucial Questions about Manhood and Womanhood, copyright ©1992 by The Council on Biblical Manhood and Womanhood.

Published earlier as "An Overview of Central Concerns: Questions and Answers," chapter 2 in Recovering Biblical Manhood and Womanhood, edited by John Piper and Wayne Grudem (Crossway), copyright ©1991, 2006 by The Council on Biblical Manhood and Womanhood.

This edition published by arrangement with Crossway through rMaeng2,
Seoul, Republic of Korea. All rights reserved.

This Korean edition copyright © 2017 by Solomon Publishing Co.

이 한국어판의 저작권은 알맹2 에이전시를 통하여 Crossway와 독점 계약한 도서출판 솔로몬에 있습니다.
신 저작권법에 의하여 한국 내에서 보호받는 저작물이므로 무단전재와 복제를 금합니다.

존 파이퍼 & 웨인 그루뎀

남성과 여성을 위한

50가지
핵심 질문

신현국 옮김

솔로몬

차례

서문 10

머리말 – 상호보완성 14

50가지 핵심 질문들 17

01 남녀의 역할에 관한 문제를 그토록 중요하게 여기는 이유는 무엇인가? 18

02 '질문 1'에서 말하는 "교회 안의 비성경적 여성 리더십"이란 무엇을 말하는가? 20

03 교회 안에서 목사와 장로는 오직 남성이어야만 한다는 개념은 성경 어느 구절에서 찾을 수 있나? 20

04 결혼에 대해서 성경은 무어라 말하는가? "그리스도와 교회와의 관계를 나타내지 않는 결혼 유형"('질문 1' 참고)이란 무엇을 말하는가? 21

05 앞의 '질문 4'에서 말하는 "순종"이란 무엇인가? 21

06 '질문 5'에서 남편을 "머리"라고 부르는 것은 무엇을 의미하는가? 22

07 성경 어떤 부분에서 남편이 가정의 가장이 되어야 한다는 개념을 찾을 수 있나? 23

08 아내가 남편을 따라 죄에 빠져서는 안 된다고 했는데('질문 5') 그렇게 되면 필연적으로 가정에서 '남편의 머리됨'을 아내가 거역하게 되는 것이 아닌가? 그게 아니라면, 남편의 어떤 행동에 대해 아내는 거부해도 정당하다고 말할 것인가? 24

09 가장의 권위와 복종을 강조하게 되면 아내 학대를 확산시킬 우려가 생기지 않나? 26

10 에베소서 5:21에서 "피차 복종하라"라고 가르치고 있는 것처럼 바울은 상호 보완이 아닌 "상호 복종"을 가르치고 있다고 생각하지 않는가? 26

11 만약에 몇몇 학자들이 주장하는 것과 같이, 에베소서 5:23("남편은 아내의 머리")이 말하는 "머리"가 "근원"(source)이라는 뜻이라면 이 구절을 이해하는 전반적인 관점이 달라지고, 또 그렇게 되면 가정 안에서 남편의 머리됨이라는 개념은 사라지게 되는 것이 아닌가? 28

12 예수님께서는 누가복음 22:26에서 "너희 중에 큰 자는 젊은 자와 같고 다스리는 자는 섬기는 자와 같을지니라"라고 말씀하셨는데, 이 말씀에서 예수님께서 강조하시는 것과 이 책에서 강조하는 교회에서의 리더십, 가정에서 가장의 권위가 서로 상반 되지 않나? 31

13 '질문 2'와 '6'에서 남성의 부르심을 교회와 가정에서 리더십에 대한 "일차적 책임"을 지는 것이라고 말할 때 "일차적"은 무엇을 뜻하는가? 33

14 만약 남편의 역할이 그리스도께서 교회를 대하듯 아내를 대하는 것이라면, 이는 남편은 아내의 모든 세부적인 삶까지 다스리고, 반대로 아내는 모든 행동을 하기 전에 남편에게 허락을 얻어야 함을 의미하는 것인가? 33

15 성경의 중심 주제가 성에 따른 역할의 차이를 좁히는 방향으로 향하는 것인데, 이와 같은 본문들은 당시 사회의 가부장적 현상과 타협하려는 일시적인 사례라고 생각하지 않나? 35

16 오늘날 목사직에서 여성을 배제하기 위해 하는 이러한 주장들은 19세기 노예제도를 유지하기 위해 기독교인들이 한 주장과 유사하지 않는가? 37

17 신약 성경은 결혼생활에서 아내들의 순종을 "가정법"(Haustafeln)이라 불리는 성경의 한 부분에서 가르치고 있다고 알고 있다. 그렇다면 성경이 현대의 문화에 반하도록 가르치는 것이 아니라 일시적으로 1세기에 널리 퍼져 있었던 방식에 맞추어 그것을 계속 고수하기보다 남성과 여성이 어떻게 관계를 맺어야 하는지에 대한 우리의 행동 양식을 어느 정도까지는 기꺼이 바꿔야 함을 인식하도록 가르치는 것이지 않겠나? 41

18 하지만 예수님께서 당시로선 혁신적인 방법으로 여성을 대하지 않았나? 또한, 이로 인해 예수님께서 우리의 위계전통을 깨뜨리고 사역에서 여성이 모든 역할을 맡을 수 있도록 길을 열어 놓으신 것이 아닌가? 43

19 바울의 사역에서 여성이 중요한 역할을 수행했음은, 바울의 가르침이 '여성은 사역에서 제외되어야 한다'라는 의미가 아니라는 것을 보이고 있지 않나? 46

20 하지만 브리스길라는 아굴라를 가르치지 않았나(행 18:26)? 그리고 심지어 브리스길라는 그의 남편인 아굴라보다 먼저 성경에 언급되었다. 이는 초대교회의 교도권에 관한 관례가 여성을 배제하지 않았다는 것을 말하고 있지 않나? 48

21 어떤 상황일 때 여성이 남성을 가르쳐도 괜찮다고 말하고 있는 것인가? 50

22 목회자가 한 여성에게 성경을 회중에게 가르칠 수 있는 권한을 부여하고 그녀가 가르치는 동안 감독할 수는 없나? 52

23 어떻게 교회에서 여성이 예언하는 것을 찬성하면서 목사나 장로가 되는 것을 반대할 수 있나? 예언은 목사나 장로의 역할에 핵심이지 않나? 53

24 사도행전 2:17; 21:9과 고린도전서 11:5에 설명되어 있는 것처럼, 여성이 공개적으로 예언하는 자유를 성경은 인정한다고 말하고 있는가? 55

25 고린도전서 14:34에서 "여자는 교회에서 잠잠하라"고 말하고 있기 때문에 '질문 24'에서 밝힌, 여성이 발언하도록 얼만큼 허용할 것인가에 대한 당신의 입장은 완전히 성경적인 것 같지 않다. 이처럼 성경이 여성이 말하는 것에 직설적으로 금지하는 것을 어떻게 설명하는가? 55

26 바울이 "남자나 여자나 다 그리스도 예수 안에서 하나이니라"(갈 3:28)라는 말씀을 볼 때, 교회에서 역할을 구분하는 기준에 성별을 제외하는 것이지 않나? 58

27 구약에서 선지자 또는 리더십의 역할을 행한 여성에게도 하나님께서 지지를 보내는 것 같이 보이는데 이는 어떻게 설명할 수 있는가? 60

28 남성보다 여성이 더 잘 속는다고 생각하는가? 62

29 하지만 디모데전서 2:14은 어딘가 하와가 아담보다 더 속임수에 취약하다고 바울이 생각하는 것처럼 보인다. 정말 그렇다면 이게 바울을 비판받을만한 맹목적 남성 우월주의자로 만들지 않나? 64

30 만약에 성경에서 일반적으로 여성이 남성을 가르치는 것이 허락되지 않는다면, 왜 훨씬 쉽게 영향을 받을 수 있는 아이들을 가르치는 것은 성경이 허락하는가? 65

31 만약에 성경의 어떤 구절은 영구적으로 유효하지만 "땋은 머리로 하지말고"나 "머리에 쓴 것을 벗지 말라" 등의 구절과 같이 어떤 경우에는 절대적이지 않고 문화에 따라야 한다고 말한다면 선택적 문자주의라는 오류에 빠진 것이 아닌가? 66

32 하지만 고린도전서 11:13-15에서 바울이 창조질서에 근거하여 여성이 예배 중에 머리를 덮어야 한다고 말하지 않았나? 왜 순종과 머리됨에 대한 가르침이 오늘날에도 적용되어야한다고 말하면서 머리 덮는 것은 그렇지 않은가? 69

33 우리의 교회 안에서는 여성을 장로로 세우는 것을 금지하면서 여성을 선교지로 보내어 가정에서는 하지 못하는 사역을 하도록 한다면 어떻게 이를 일관된 것이라 할 수 있나? 72

34 하나님께서 주신 은사를 여성이 사용하는 권리를 부정하는가? 하나님께서 영적 은사를 주셨다는 것은 하나님께서 교회의 신앙을 강화시키는데 사용하는 것을 지지하신다고 볼 수 있지 않나? 77

35 만약 진정으로 하나님께서 여성을 목사로 부르셨다면 어떻게 여성이 목사가 되어서는 안 된다고 말할 수 있나? 78

36 가정과 교회와 관련하여 권위가 가지는 의미는 무엇인가? 79

37 회중적 교회 정치를 수용한 교회에서 장로가 아닌 회중이 그리스도와 성경 아래에서 가장 높은 권위라면, 여성은 한 회중으로써 투표가 가능한가? 83

38 로마서 16:7에서 바울은 "내 친척이요 나와 함께 갇혔던 안드로니고와 유니아

에게 문안하라 그들은 사도들에게 존중히 여겨지고 또한, 나보다 먼저 그리스도 안에 있는 자라"고 기록했다. 여기서 유니아는 여성인가? 또한, 유니아는 사도이지 않았나? 그렇다면 초대교회부터 여성이 남성에 대해 아주 권위적인 위치에 있었음을 바울이 기꺼이 인정한 것이라고 볼 수 있지 않나? 84

39 바울은 남자가 여자보다 먼저 창조되었다는 사실을(딤전 2:13) 남성이 이끌고 가르치는 일차적으로 책임지는 근거로 보았다. 하지만 남자보다 동물이 먼저 창조되었다고 동물에게 남자를 이끄는 책임을 지게하지 않는다. 어떻게 이러한 주장이 타당할 수 있는가? 90

40 여성이 가르치는 것을 바울이 허용하지 않았던 이유가, 1세기의 여성은 잘 교육받지 못하였기 때문이라는 것이 사실인가? 하지만 이와 같은 이유가 오늘날에는 적용되지 않는다. 실제로 오늘날 여성은 남성과 같이 잘 교육을 받고 있고, 그렇다면 우리는 남성과 여성 모두 목사가 되는 것을 허용해야 하지 않나? 92

41 가정과 교회에서 남성과 여성의 역할을 구분할 때 동성애를 언급한 이유는 무엇인가? ('질문 1' 참고) 대부분의 복음주의 페미니스트 역시 동성애 행위를 반대한다. 94

42 당신의 성경 해석이 성경의 저자가 실제로 의도한 바가 아닌 당신의 배경과 문화에 더 영향을 받지 않았다는 것을 어떻게 확신하는가? 99

43 여성이 작곡한 찬송을 부르거나 여성이 쓴 저서를 추천하는 것은 허용하면서 왜 똑같은 내용을 들리도록 말하는 것은 허용하지 않는가? 101

44 여성에게 모든 직무와 역할을 할 수 있도록 허용하는 것은 우리 사회도 인식하는 공평성의 문제 아닌가? 103

45 하와를 가리켜 아담을 돕는 "돕는 배필"(helper)이라 부르신 동일한 단어로, 하나님께서 우리의 "보혜사"(helper)이심을 성경에서 여러 차례 언급하셨다는 것이 사실인가? 그렇다면 이는 여성에게 유일하게 순종하는 역할을 부여하셨다는 개념을 제외할 뿐만 아니라, 여성이 남성보다 더 권위적인 위치에 놓는

것이 아닌가? 108

46 문자 그대로 고린도전서 7:3-5은 "남편은 그 아내에 대한 의무를 다하고 아내도 그 남편에게 그렇게 할지라. 아내는 자기 몸을 주장하지 못하고 오직 그 남편이 하며 남편도 그와 같이 자기 몸을 주장하지 못하고 오직 그 아내가 하나니. 서로 분방하지 말라 다만 기도할 틈을 얻기 위하여 합의상 얼마 동안은 하되 다시 합하라 이는 너희가 절제 못함으로 말미암아 사탄이 너희를 시험하지 못하게 하려 함이라."라고 말한다. 이는 남성의 일방적인 권위가 잘못되었음을 보여주는 게 아닌가? 110

47 당신이 가정과 교회 안에서 남성과 여성의 역할 구분이 하나님의 창조질서에 기반을 둔 것으로 믿는다면 어째서 가정과 교회에서와 마찬가지로 세속적 생활 모든 곳에서 그와 같이 적용할 것을 주장하지 않는가? 114

48 결혼을 경험하지 못한 미혼 기독교인 여성이 어떻게 그리스도와 교회의 비밀에 들어갈 수 있나? 116

49 많은 복음주의 학자들 사이에서도 남성과 여성의 문제에 대해 의견이 분분하다면 어떻게 평신도가 이러한 문제에 확신을 하는 게 가능하겠는가? 117

50 만약에 많은 본문이 맹렬한 논쟁 중에 있다면, 그러한 논쟁들이 남자다움과 여자다움을 향한 우리의 시각에 어떠한 주요 영향을 끼치지 않게 하는 것이 좋은 해석의 원리(방법)가 되지 않을까? 마찬가지로 남성과 여성의 역할에 관한 문제에 대해, 교회에서 상당한 차이가 있기 때문에 믿음과 실천을 위해 교파적, 제도적, 회중적 기준을 정함에 있어서 중요도를 매우 낮은 수준의 것으로 보아야 하지 않을까? 120

부록 : 성경적 남자다움과 여자다움에 관한 댄버스 선언문 127

주 133

서문

이 책은 원래『성경적 남자다움과 여자다움의 회복』(Recovering Biblical Manhood and Womanhood, 1991)이라는 책의 제2장으로 출판되었다. 우리는 그 책을 공동으로 편집하였고 50가지 핵심 질문을 포함한 몇몇 장을 저술하였다.

1970년대 초반에도 우리는 새롭게 대두되는 복음주의 페미니즘 혹은 평등주의라 불리는 성 평등화의 물결을 반대하며 성경적 상호보완주의(그렇게 불리기 전이지만)를 외치고 있었다. 이후 수십 년 동안 우리 사회가 남성과 여성에 관한 이슈에 대하여 보인 반응은 단순하지도 일방적이지도 않았다. 우리는 그 반응을 바라보며 기쁨과 슬픔을 동시에 느낄 수 있었다.

지금의 세상 문화가 성윤리에 대해 옳고 그름을 바라보는 일반적인 시선은 기독교에서 합의를 이루는 것과는 상당히 동떨어져 있다. 세상 문화와 기독교 간 충돌을 일으키는 문제가 남성의 머리됨에서 이제는 동성애로 옮겨졌다. 하지만 전혀 놀랄 일은 아니다. 이 책의 '질문 41'을 읽는다면 독자 여러분도 우리를 향하여 점점 다가오고 있는 변화가 무엇인지 알게 될 것이다. 부부란 무엇을 하는 관계인지를 결정할 때, 우리 사회가 그것을 결정하는 기준에서 성을 배제하는 윤리적, 해석학적 단계에 이르게 된다면, 부부가 누구인지를 결정하는 기준에서도 성을 배제하기가 그리 어렵지만은 않게 된다. 즉, 만약 '배우자가 무엇을 하는가'를 결정하는데 성이 중요하지 않다면 '누가 배우자인가'에도 성이 중요하지 않게 된다는 것이다. 이것이 지금 우리 문화의 현실이다.

한편, 다른 한쪽에서는 그동안 교회와 젊은 기독교인들의 부활이 있어왔다. 이 젊은 기독교인들은 성경을 진지하게 받아들이고 우리 문화의 현실과 마주하며 걷고자 결심하였다. 또한, 이들은 성경에서 비전을 발견했다. 그들이 발견한 비전은 남성과 여성의 성별을 흐리는 것이 아니라, 오히려 그 차이에 눈부신 색상을 넣었다. 부활한 교회들은 상호보완적 비전이야말로 하나님께서 가르치신 것이며, 남자와 여자 모두에게 생명을 주시는 것으로 보았다. 또한, 그들은 하나님께서 선하시고 지혜로우신 분이라고 믿는다. 그렇기에 성정체성에 대한 하나님의 생각은 가장 아름답고 가장 만족스러울 것임이 분명하다.

무엇보다도 가장 중요한 것은 결혼생활의 원리에서 남자와 여자의 차이가 그리스도와 교회와의 관계를 가장 선명하게 드러낸다는 것이다. 에베소서 5장에서 바울은 남자와 여자의 결혼을 그리스도의 신부인 교회와 그리스도의 계약적 관계로 비유를 들어 묘사한다. 남편은 그리스도의 희생적 리더십과 보호, 그리고 공급을 본받고, 아내는 구속받은 성도들이 그리스도께 드리는 존경심과 기쁨으로 순종하는 교회의 모습을 본받는다.

종합해보면, 그리스도께서 교회를 사랑하심과 교회가 그리스도를 높이는 관계 안에서 남편과 아내는 이 세상에 대안적인 왕국의 전초기지를 건설한다. 가족이라 불리는 이 나라의 전초기지에서 남편과 아내는 자녀를 지혜로우시고 담대하시며 위험까지 무릅쓰는 예수님의 제자로 키우는 것을 목표로 삼는다. 또한, 그들은 그들의 가족이 부패하는 사회 속에서 소금과 같은 증인이 되기를 기도한다.

태초부터 하나님께서는 영적인 사람에게 주어진 언약이 가지고 있는 아름다움을 극대화하기 위해 결혼을 계획하셨다. 하지만 이 시대의 평등주의와 소위 "동성애 결혼"은 실질적으로 그리스도와 교회의 결혼 비유를 무효화 한다. 이와 같은 상황 속에서 많은 젊은 그리스도인들이 결혼의 신학적 중요성을 알고 성경적으로 남녀 간 상호보완성의 비전을 받아들이기로 선택하며 부흥하는 선교 지향적 교회 안에서 살아가는 모습을 본다는 것은 기쁜 일이다.

우리가 이와 같은 비전을 진지하게 받아들이기 시작한다면 신학적 해석과 실천적 적용에 대해 궁금증이 늘어나기 마련이다. 이 책을 쓴 이유가 여기에 있다. 이 책에서 말하는 50가지의 질문들은 그 어느 때보다도 오늘날 우리에게 의미가 있다고 믿는다. 특히 몇몇 질문들은 더욱 그렇다. 또한, 만약 독자들이 각각의 질문들에 대해 우리가 제시한 성격적 추론을 따라가다 보면 이 책에서 말하고 있지 않은 다른 질문들에 대해서도 비슷한 궤도를 따라 대답할 수 있게 될 것이라고 믿는다.

어느 때보다도 우리는 이 시대에 남성과 여성에 관한 이슈가 중대하게 다뤄져야 한다고 생각한다. 25년 전에도 그랬듯이, 우리의 목표는 교회의 유익과 세계 선교, 그리고 하나님의 영광이며 이를 위하여 기도하는 바이다.

머리말 – 상호보완성

우리가 이 책을 통하여 마주하게 될 이슈는 '성경적인 남성과 여성의 관계는 무엇인가?' 혹은 '성경적으로 남성은 여성과, 여성은 남성과 서로 어떻게 관계를 맺어야 하는가?'이다. 그리고 특별히 가정과 교회에서 남성과 여성은 어떻게 관계를 맺어야 하는가를 다룬다. 남녀 이슈에 대한 우리의 입장은 남성과 여성 사이에 차이가 존재하며, 그 차이는 상호보완적이라는 것이다. 더 나아가서 우리의 입장은 남성과 여성의 차이가 그들의 관계를 가장 충족하게 한다는 것을 내포하고 있다고 명확히 설명한다.

우리는 래리 크랩Larry Crabb이 언급한 남자와 여자의 차이에 관한 주장에 동의한다. 그는 "차이를 누리며enjoying the difference" 즉, "남녀는 근본적으로 무엇을 주기 위해 디자인되었는지, 그리고 그들의 관계에서 무엇이 가장 큰 기쁨을 주는가에서 뚜렷이 구별된다… 가장 깊은 수준에서 여자가 남자를 섬기는 것과 다른 방식으로 남자는 여자를 섬긴다."라고 주장하였다.[1]

우리 문화 전역에 퍼진 성의 구별을 없애려는 파괴적인 경향을 바라보며 애통하는 콜슨Chuck Colson에게 우리는 깊이 공감한다. 그는 "하나님께서 뚜렷이 구별되는 두 유형의 사람, 남성과 여성, 그리고 그들의 남자다움과 여자다움을 만드셨는데, 이들은 자손을 번식하고 양육하는데 서로 다른 역할과 능력을 지닌다."라고 말했다. 그리고 이어서 그는 "성의 경계가 모호해지면 창조의 근본 진리를 위협한다."라고 말했다. 우리는 이에 동의한다. 가령 한 여성 리포터가 남성 라커룸에 들어가겠다고 요구한다거나, 동성애 남성이 아이를 입양해서 가짜 수유용 브라를 착용한다거나, 유명 록스타가 모든 성별을 뒤집는 등의 불상사는 창조의 근본 진리를 위협하는 이 시대의 현상이다.[2]

그렇기 때문에 우리는 우리 스스로를 상호보완주의자라고 부른다. 남자다움과 여자다움에 대한 우리의 비전은 현실을 향한 열정 때문이다. 상호보완적 차이라는 이 아름다운 현실은 하나님께서 우리의 기쁨을 위해 창조하실 때 남자와 여자를 동일하게 그의 형상대로 지으셨음을 우리에게 보여준다.

따라서 우리의 입장을 한 단어만으로 대변해야 한다면 상호보완주의자라는 용어를 선호한다. 상호보완주의지라는 단어는 남자와 여자가 동등하다는 것과 '유익한 다름'이 있다는 것을 동시에 말해주기 때문이다. 하지만 우리가 전통적으로 지켜오던 모범이나 행동 양식의 기준인 성경에 도전하는 것을 용납하지 않는다는 것을 내포하는 '전통주의자'traditionalist라는 용어에는 불편함을 느낀다. 또한, 우리는 분명히 '계급주의자'hierarchicalist라는 용어를 거부한다. 구조화된 권위를 지나치게 강조하며 남성과 여성의 평등과, 공통적으로 가지고 있는 상호의존성의 아름다움에 대해 어떠한 암시도 주지 않기 때문이다.

『성경적 남자다움과 여자다움의 회복』을 포함하여 이 이슈에 관하여 다양한 책들이 많이 쓰였다.[3] 그런데 대부분의 사람들은 현대에 긴박하게 일어날 수 많은 이슈들 각각에 대한 여러 책을 읽을 시간적 여유가 없다. 하지만 우리의 현실은 특정한 질문에 간결한 답을 필요로한다. 따라서 독자들께 이 책을 추천하고 싶다.

50가지 핵심 질문들

1987년, 한 무리의 남성과 여성 그리스도인들은 세속적인 사회와 더 구체적으로 복음주의 신앙의 세계에서 벌어지고 있는 특정 경향에 대해 깊이 염려하면서, '성경적 남자다움과 여자다움에 관한 협의회'Council on Biblical Manhood and Womanhood, 약자 CBMW라는 한 단체를 설립했다. 이 새로운 단체는 "말씀에 순종하도록 동등하게 창조되었고, 가정과 교회의 건강을 위해 동등하게 창조된 남자와 여자의 상호보완적 차이에 대한 성경적 가르침을 전파한다."라는 설립 목적을 명시하고 있다.[1]

그들의 관심과 목표를 공론화하기 위해 모인 기독교인들은 댄버스 선언문을 발표했다(CBMW 회의에서 1987년 12월 매사츄세츠 댄버스에서 발표). 새롭게 결성된 협의회는 성경적 남자다움과 여자다움에 관한 다양한 가치가 소개된 소책자 몇 권을 발행하였다. 1991년에는 이러한 소책자들을 다른 소논문들과 합하여 566쪽짜리 책인 『성경적 남자다움과 여자다움의 회복: 복음주의 페미니즘에 답하다』를 출판하였다.[2] 26개의 장을

22명이 저술한 이 책은 크리스천 투데이Christianity Today의 독자들에게 1991년 '올해의 책'으로 뽑혔다.

우리가 새롭게 출간하는 『50가지 핵심 질문들』은 『성경적 남자다움과 여자다움의 회복』 중 2장의 내용을 담고 있다. 본 책은 남자다움과 여자다움에 대한 우리의 비전을 향한 반대 의견 중 가장 일반적인 질문에 대해 간략하고도 설득력 있는 답변을 제시한다. 질문(중요한 이슈에 관한) 하나하나에 대답하는 노력은 또 다른 새로운 질문을 낳기 때문에 우리가 이 책에서 제시한 질문은 모든 문제를 망라하지는 않는다. 그럼에도 불구하고 우리는 이 책이 독자들로 하여금 교회의 유익, 세계 선교, 그리고 하나님의 영광이라는 정해진 목표를 향한 우리의 여정을 추적할 수 있도록 충분한 발자국을 남기길 소망한다.

01. 남녀의 역할에 관한 문제를 그토록 중요하게 여기는 이유는 무엇인가?

우리는 단순히 남자와 여자의 역할만이 아니라 남성과 여성의 근본적인 본성 또한 중요하게 다룬다. 성경이 말하는 남녀 이슈에 관한 진리와 명확성이 그토록 중요한 이유는, 성정체성에 대한 오류와 혼란이 다음과 같은 문제를 야기하기 때문이다.

(1) 결혼 양식이 예수님과 교회의 관계를 나타내지 않게 된다[3](엡 5:31-32).

(2) 자녀 양육을 통해 남자아이가 남자답게, 여자아이가 여자답게 자라지 못하게 된다.

(3) 동성애적 성향과 동성연합을 정당화하려는 시도가 증가하게 된다. ('질문 41' 참고)

(4) 교회 안의 비非성경적 여성 리더십을 초래한다. 이는 남성과 여성의 진정한 의미에 혼란을 가져온다.

남성과 여성은 상호보완적complementary이다. 이는 하나님께서 태초부터 인간에게 허락하신 아주 유쾌한 선물이며(창 2:23) 측량할 수 없을 정도로 귀하다. 하지만 이처럼 귀중한 선물이 오늘날 가벼이 여겨지고 현대 사회의 많은 부분에서 모호해져 가고 있다. 우리는 이와 같은 성정체성에 대한 오류와 혼란이 생명의 본질을 위태롭게 한다고 믿는다. 하나님의 백성이 거룩해지는 것과 땅 끝까지 복음을 전하는 것이 그들의 사명이며 하나님의 뜻인 것처럼 말이다. (이 책의 마지막 댄버스 선언문[Danvers Statement, 1991]에서 '근거'를 참고)

02. '질문 1'에서 말하는 "교회 안의 비성경적 여성 리더십"이란 무엇을 말하는가?

목사와 장로는 남성이어야 한다고 성경이 가르치고 있음을 우리는 확신한다. 이는 교회 안에서 남성이 그리스도적인 리더십과 가르침에 일차적인 책임을 져야 한다는 것을 내포한다. 따라서 우리는 여성이 목사와 장로의 역할을 맡는 것이 비성경적이라 믿으며, 그렇기 때문에 해로운 것으로 여긴다('질문 13' 참고).

03. 교회 안에서 목사와 장로는 오직 남성이어야만 한다는 개념은 성경 어느 구절에서 찾을 수 있나?

디모데전서 2:11-15; 고린도전서 11:2-16; 14:34-36 등의 구절들은 직접적으로 교회 안에서의 남자 리더십을 가장 명확하게 기술하고 있다. 『성경적 남자다움과 여자다움의 회복』(Recovering Biblical Manhood and Womanhood, 1991)의 5, 6, 9장은 왜 우리가 앞서 언급한 성경 구절들이 영적인 남성들의 장로권을 변함없이 지지하고 있다고 말하는지 성경해석학적으로 자세히 설명하고 있다. 더욱이 가정과 교회가 성경적으로 연결되어있다는 사실은 가정에서 남편의 가장됨이 자연스럽게 교회 안에서 남성의 영적 리더십으로 이어지는 것을 강력하게 시사한다.

04. 결혼에 대해서 성경은 무어라 말하는가? "그리스도와 교회와의 관계를 나타내지 않는 결혼 유형"('질문 1' 참고)이란 무엇을 말하는가?

우리는 하나님께서 그리스도와 교회와의 관계를 나타내시기 위해 남편과 아내와의 관계를 작정하셨다고 성경이 가르치고 있음을 믿는다. 남편은 사랑하시고 희생하시는 그리스도의 리더십을 본받는 모델이 되며, 아내는 자발적이며 기쁨으로 순종하는 교회를 본받는 모델이 된다. (더 자세히 알고 싶다면 『성경적 남자다움과 여자다움의 회복』 13장을 보라).

05. 앞의 '질문 4'에서 말하는 "순종"이란 무엇인가?

순종은 아내를 향한 하나님의 신성한 부르심이다. 그 부르심은 남편의 리더십을 존중하고 따르며, 남편이 리더십을 잘 발휘할 수 있도록 아내는 은사로 돕는 것을 의미한다. 그렇다고 아내의 의지를 완전하게 포기하라는 뜻이 아니다. 오히려 우리는, 남편이 인도하도록 자신을 내어주며, 인도하는 남편의 리더십에 따르려는 아내의 경향이라고 말한다. 아내의 절대적인 권위는 그녀의 남편이 아니라 그리스도다. 아내는 "그리스도를 경외"하기 위해 남편에게 순종한다(엡 5:21). 그리스도의 절대적 권위는 남편에게 권위를 부여한다. 그렇다고 아내가 남편을 따라 죄에 빠져서는 절대 안 된다. 그럼에도 불구하고, 남편의 죄악 된 의지에 맞서서 그리스도와 함께 선다 할지라도(벧전 3:1, 아내가 남편의 불신앙에 따르지 않는다 할지라도), 아내는 여전히 순종의 영, 즉 양도하는 성품을 가질 수 있다. 즉, 아내의 순종하는 자세와 행실을 통하여 아내가 남편의 뜻에 반하지 않으며, 남편이 죄를 버리고 의로 인도되기를 사모함을 보여 줄 수 있다. 또한, 가정의 머리로 남편을 존경하는 아내의 성품을 통해 가정의 화합을 이룰 수 있다.

06. '질문 5'에서 남편을 "머리"라고 부르는 것은 무엇을 의미하는가?

성경적 가장이란, 가정에서 그리스도적인 리더십과 보호, 공급하는 일차적인 책임을 지는 남편을 향한 신성한 부르심이다. ('질문 13'에서 "일차적"의 뜻을 보라.)

07. 성경 어떤 부분에서 남편이 가정의 가장이 되어야 한다는 개념을 찾을 수 있나?

결혼 생활의 가장됨과 순종에 대해 직접적으로 관련된 가장 명확한 성경 구절은 창세기 1-3장; 에베소서 5:21-33; 골로새서 3:18-19; 디모데전서 3:2, 4, 12; 디도서 2:5; 베드로전서 3:1-7이다. 위 성경 구절들의 가르침에 비추어 볼 때, 성경적 가족생활 곳곳에 스며들어있는 남성 리더십의 양상은 단순히 수천 년이 넘게 지속된 문화적 현상이 아니라, 인간이 죄로 인해 타락했음에도 불구하고, 하나님의 본래 디자인을 반영한 것이다. 또한, 위 본문들은, 가정에서 일차적으로 책임을 지며, 머리가 되는 남성의 리더십에 대해서 『성경적 남자다움과 여자다움의 회복』을 통해서도 성경해석학적 근거를 제공받을 수 있다.

08. 아내가 남편을 따라 죄에 빠져서는 안 된다고 했는데('질문 5') 그렇게 되면 필연적으로 가정에서 '남편의 머리됨'을 아내가 거역하게 되는 것이 아닌가? 그게 아니라면, 남편의 어떤 행동에 대해 아내는 거부해도 정당하다고 말할 것인가?

    우리는 모호함 없이 살기를 주장하는 것이 아니다. 왜냐하면, 우리는 때때로 복잡한 상황 속에서 결정하기 어려운 문제에 직면하기 때문이다. 또한, 남편이 아내에게 하는 일련의 지시를 가리켜 머리됨이라고 말하는 것도 아니다. 머리됨과 일방적인 의사 결정은 동의어가 아니다. 오히려 훌륭한 결혼 생활에서의 리더십이란, 주로 남편과 아내 그리고 자녀들까지 서로가 서로를 존중할 수 있도록 상호작용하는 가정의 모습을 이루는데 책임을 지는 것이다. 이는 마치 가족생활을 위한 각종 지혜의 저장창고와 같다. 가장의 머리됨은 가정에서 도덕적인 설계 및 계획을 세우는데 일차적인 책임을 지지만 (남편보다 더 현명하고 더 지적일 수 있는) 아내 역시 계획을 세우고 설계된 계획을 발전시키는 데 동참한다. 그렇기 때문에 남편과 아내가 '무엇이 그리스도께 충성하는 것인가'에 대하여 의견이 다를지라도, 어려움에 직면했을 때 결정하기 어려운 상황이나 모호함 조차도 남편이 가정의 가장됨을 무효화하지 못한다.

그리스도께서는 국가, 가정, 교회 각각의 유일한 절대적 권위이시다. 그렇다고 그리스도의 권위가 각 기관이 가지고 있는 리더십의 구조를 무의미하게 하지 않는다. 또한, 장로들이 어그러진 말을 하려고 일어나고(행 20:30), 그들이 그렇게 일어났을 때 우리는 그들을 따르기보다 책망해야 한다고 성경은 말하고 있음에도 불구하고, '교회의 지도자들에게 순종하라'(히 13:17)라는 우리를 위한 성경의 명령은 무의미하지 않다. 양심적 거부(행 5:29)와 같은 경우가 있다 하더라도, 그렇다고 위에 있는 권세에 복종(롬 13:1)하라는 말씀이 의미가 없다고 하지 않는다. 이와 마찬가지로, 궁극적으로 아내가 남편이 아닌 그리스도의 권위에 복종해야 하기 때문에, 가정에서 남편의 온화하지만 강한 리더십이라는 실제가 무효화되지 않는다. 만약에 남편의 리더십이 아내로 하여금 기꺼이 순종하도록 하지 못했을 경우, 남편은 자기 자신을 하나님의 은혜에 의탁하여 기도와 조언을 통해 성경적인 지혜의 길을 간구해야 한다. 우리 중 그 누구도 고난을 통해 수시로 찾아오는 현실에서의 모호함으로부터 벗어나기가 쉽지 않다.

09. 가장의 권위와 복종을 강조하게 되면 아내 학대를 확산시킬 우려가 생기지 않나?

그렇지 않다. 첫째로, 우리가 강조하는 바는 그리스도와 같은, 희생하는 가장이다. 그는 아내의 유익을 위하고 아내를 생명의 은혜의 공동 상속인으로 여긴다(벧전 3:7). 또한, 동시에 우리는 아내의 사려 깊은 순종을 요청하는 것이지 결코 남편을 절대군주로 여기라는 것이 아니다('질문 5' 참고). 둘째로, 우리는 아내 학대 또는 남편 학대는 부모가 아들들과 딸들에게 진정한 남자다움과 여자다움의 의미를 제대로 가르치지 못하였음에 깊은 뿌리를 두고 있다고 믿는다. 성정체성에 대한 혼란과 좌절은 해로운 행동으로 표출되곤 하기 때문이다. 성性의 차이를 최소화하는 것(그렇게 되면 결국 위협적인 방법으로 표출될 것이다)은 결코 남편 학대와 아내 학대 문제의 해결책이 되지 못한다. 따라서 가정과 교회는, 결혼생활에서 어떻게 하면 진정한 남자다움과 여자다움이 서로 사랑하고 상호 보완하는 역할로 자연스럽게 표현될 수 있을지를 가르쳐야 한다.

10. 에베소서 5:21에서 "피차 복종하라"라고 가르치고 있는 것처

럼 바울은 상호 보완이 아닌 "상호 복종"을 가르치고 있다고 생각하지 않는가?

이 문제는 "상호 복종"을 어떤 의미로 보느냐에 따라 달라진다. 여기서 우리 중 어떤 이들은 다른 이들보다 상호 관계에 더 중점을 둔다.[4] 하지만 만약에 여기서 바울이 완전한 상호 복종(아내가 남편에게 복종하고 아내가 남편에게 복종하는)의 의미로 사용하였을지라도, 남편과 아내가 같은 방식으로 서로에게 복종해야 한다는 것을 의미하지 않는다. 이 구절에서의 핵심이 바로, 남편과 아내의 관계가 그리스도와 교회의 관계의 본을 따른다는 것을 기억해야 한다. 과연 그리스도와 교회는 상호 간에 서로 복종하는가? 만약에 여기서 말하는 복종의 의미가 그리스도께서 교회의 권위에 굴복하는 것이라고 말한다면, 그렇지 않다. 하지만 복종의 의미가 교회의 선을 위해 그리스도께서 스스로 고통당하시고 죽기까지 복종하신 것이라고 말한다면, 그렇다. 즉, 그리스도께서 교회에 복종하시는 방식으로 교회가 그리스도께 복종하지는 않는다는 것이다. 교회는 그리스도의 권위를 인정하고 그의 인도를 받음으로 그리스도께 복종한다. 따라서 상호 복종은 서로가 같은 방법으로 하는 복종이 아니다. 그러므로 상호 복종은 남편이 아내의 머리됨과 그리스도께서 남편의 머리되심을 해치지 않는다. (남편의 머리됨을 행하는 것에 성경은 지표를 제시하는데, 이에 관해서는 '질문 36'을 참조하라.)

11. 만약에 몇몇 학자들이 주장하는 것과 같이, 에베소서 5:23("남편은 아내의 머리")이 말하는 "머리"가 "근원"source이라는 뜻이라면 이 구절을 이해하는 전반적인 관점이 달라지고, 또 그렇게 되면 가정 안에서 남편의 머리됨이라는 개념은 사라지게 되는 것이 아닌가?

아니다. 먼저 우리가 이와 같은 주장을 다루기 전에 에베소서 5:23의 "머리"가 "근원"이라는 주장이 매우 타당하지 않다는 것을 밝히고자 한다. 학자들은 『성경적 남자다움과 여자다움의 회복』의 '부록 1'과 『복음적 페미니즘과 성경적 진리』 *Evangelical Feminism and Biblical Truth*의 '부록 3'과 '4'에서 제시한 "머리"가 가지고 있는 광범위한 의미를 다루고 싶어 할 것이다.[5] 반면에 현실적으로 평신도들은 에베소서를 읽는데 어떻게 해석해야 더 타당한지에 따라 결정할 것이다. 23절은 22절에 대한 근거 혹은 논증이라고 볼 수 있다. 따라서 다음과 같이 시작할 수 있다. "아내들이여 자기 남편에게 복종하기를 주께 하듯 하라 이는 남편이 아내의 머리 됨이라." 남편에 대한 아내의 복종이 남편의 머리됨을 근거로 주어졌다면, "머리"를 이해하는 가장 자연스러운 해석은 리더십이라고 볼 수 있다.

게다가, 바울이 남편이 아내의 머리임을 언급할 때, 그에게는 마음속에 한 그림이 있었다. 바울의 그림 속에 있는 "머리"는 구석에 독립적으로 있으면서 아무 의미나 부여해도 되는 그런 단어가 아니다. 바울은 "남편이 아내의 머리됨이 그리스도께서 교회와 그의 몸의 머리됨과 같다"(엡 5:23)라고 말한다. 따라서 바울이 마음속으로 그린 그림은 머리가 있는 몸이다. 이와 같은 바울의 언급은 매우 중요하다. 바울이 23절에서 언급한 몸과 머리는 다음 이어지는 구절에서 "한 육체", 즉 남편과 아내의 연합으로 귀결되기 때문이다. 머리와 몸은 "한 육체"이다. 따라서 바울은 28-30절에서 다음과 같이 말한다. "이와 같이 남편들도 자기 아내 사랑하기를 자기 자신과 같이 할지니 자기 아내를 사랑하는 자는 자기를 사랑하는 것이라 누구든지 언제나 자기 육체를 미워하지 않고 오직 양육하여 보호하기를 그리스도께서 교회에게 함과 같이 하나니 우리는 그 몸의 지체임이라." 바울은 그리스도를 교회의 머리로, 교회를 그리스도의 몸으로, 그가 그린 형상을 완성한다. 그리스도는 교회된 우리가 그의 몸의 지체이기 때문에 교회를 양육하고 보호한다. 따라서 머리로써 몸과 "한 육체"를 이루는 것과 같이, 남편 또한, 그의 아내의 머리이기 때문에, 아내를 양육하고(아끼고) 보호하는 것은 자기 자신을 양육하고(아끼고) 보호하는 것과 같다.

우리가 이러한 해석을 중요하게 여기는 이유는 다음과 같다. 우리는 모든 고대 그리스 문학에서 어떤 사람이 다른 사람이나 한 단체의 "머리"(헬라어 $\kappa\epsilon\pi\eta\alpha\lambda\epsilon$)라고 불리는 문서 40가지 이상을 찾았다. 그리고 각각의 경우마다 "머리"라고 불리는 사람은 다른 사람과 단체에 대해 권위적 위치에 있음을 발견했다.[6] 따라서 "머리"를 "근원"으로 대체하여 해석한다는 주장은 지극히 의문스러울 수밖에 없을 뿐만 아니라, 그 주장을 뒷받침하는 명확한 근거도 없다.

하지만 만약에 에베소서 5:23의 "머리"가 "근원"이라는 뜻으로 해석된다고 가정할 때, 남편은 무엇의 근원이 되겠는가? 다시 말해서, 몸은 머리로부터 무엇을 공급받나? 몸은 양분(29절에서 언급한다.)을 공급받는다. 우리는 입이 머리에 위치하고 있고 입을 통하여 몸이 양분을 공급받기 때문에 위와 같은 가정을 이해할 수 있다. 하지만 양분만이 몸이 공급받는 전부가 아니다. 눈이 머리에 있기에 몸은 인도를 받게 된다. 귀가 머리에 있으므로 몸은 경계를 할 수 있고 보호를 받을 수 있다. 마찬가지로 뇌가 머리에 있기에 몸에게 방향과 목표를 제시하고 또한, 몸은 통치를 받는다.

다시 말해, 만약에 머리인 남편이 그의 몸인 아내와 한 육체라면 그리고 남편이 인도, 양분, 경계의 근원이라면, 자연적으로 얻어지는 결론은, 머리인 남편이 리더십, 공급, 보호에 대한 일차적인 책임을 지고 있다는 것이다. 따라서 "머리"에 "근원"이라는 의미를 부여하더라도 이 구절을 가장 자연스럽게 해석한다면, 남편은 하나님으로부터 가정에서 그리스도와 같은 서번트 리더십servant-leadership, 보호, 공급에 대한 일차적인 책임을 지도록 부르심을 받았고, 아내는 남편을 존경하고 남편의 리더십을 존중하며 각자의 은사에 따라 남편이 책임을 잘 수행하도록 도와야 한다는 것이다.[7]

12. 예수님께서는 누가복은 22:26에서 "너희 중에 큰 자는 젊은 자와 같고 다스리는 자는 섬기는 자와 같을지니라"라고 말씀하셨

는데, 이 말씀에서 예수님께서 강조하시는 것과 이 책에서 강조하는 교회에서의 리더십, 가정에서 가장의 권위가 서로 상반 되지 않나?

그렇지 않다. 우리는 성경에서 말하는 이 두 가지, 리더십과 섬김servanthood을 신중하게 균형을 유지하려 노력하고 있다. 만약에 누군가가 섬김이 리더십을 상쇄한다고 말한다면 예수님께 반하는 게 될 것이다. 예수님께서는 리더십을 분명히 밝히셨지 해체하신 게 아니다. 누가복음 22:26에서 예수님께서 "지도자"로 사용하셨던 그 단어는 히브리서 13:17에서도 사용되었다. "너희를 인도하는 자들에게 순종하고 복종하라 그들은 너희 영혼을 위하여 경성하기를 자신들이 청산할 자인 것 같이 하느니라." 지도자들은 사람의 영혼을 희생적으로 돌본다는 점에서 종이라 할 수 있다. 하지만 그들이 다른 사람을 섬긴다 할지라도 예수님께서 그들에게 순종하고 복종하라고 말씀하신 것처럼, 그러한 섬김이 그들을 지도자들보다 낮은 사람으로 만들진 않는다. 예수님께서 친히 무릎을 꿇고 제자들의 발을 씻기신 모습이 제자들의 지도자로서 지상명령을 내리시는 모습에 비해 결코 못 하신 것이 아니다.

13. '질문 2'와 '6'에서 남성의 부르심을 교회와 가정에서 리더십에 대한 "일차적 책임"을 지는 것이라고 말할 때 "일차적"은 무엇을 뜻하는가?

여성들이 종종 책임져야 하는 리더십에는 정도와 종류가 있음을 의미한다. 여기에는 교육, 행정, 조직, 사역, 영향력, 계획 등 아내들이 가정에서, 그리고 교회에서 책임을 맡아 행해야 하는 것들이 있다. 비록 머리됨이 누가 정확히 어떤 활동을 하는지에 대해 세부적인 부분까지 상세하게 설명하지 않음에도 불구하고, 가정에서 가장이 남성인 것과 교회에서 장로직이 남성에게 있다는 점은 전반적인 삶의 양식에서 남성은 책임을 진다는 것을 의미한다. 그렇기 때문에 타락 직후 하나님께서는 아담을 먼저 부르셨다(창 3:9). 하와(여자)에게 죄에 대한 책임이 없어서가 아니라, 아담(남자)이 죄를 포함한 에덴동산에서의 삶에 대해 일차적인 책임을 지기 때문이다.

14. 만약 남편의 역할이 그리스도께서 교회를 대하듯 아내를 대하는 것이라면, 이는 남편은 아내의 모든 세부적인 삶까지 다스리고, 반대로 아내는 모든 행동을 하기 전에 남편에게 허락을 얻

어야 함을 의미하는 것인가?

    그렇지 않다. 우리는 그리스도와 남편의 비유를 그렇게까지 억지로 끼워 맞춰서 이해하지 않는다. 그리스도와는 달리 모든 남편은 죄를 짓는다. 또한, 남편들은 유한한 존재이며 그들의 지혜는 오류를 범하기 쉽다. 그뿐만이 아니라, 그리스도와는 달리 남편들은 자신들을 위해서만이 아닌 그리스도를 위해서 그들의 신부를 맞이한다. 따라서 그들은 단지 그리스도와 같이 행하는 것이 아닌, 그리스도를 위하여 행동한다. 여기서 기억해야 할 것은, 남편이 아내에게 스스로 그리스도가 되어 그리스도를 배신하면 안 된다는 점이다. 따라서 남편은 아내가 자신이 아닌 그리스도를 의지할 것을 권하는 방식으로 이끌어야 한다.

    실질적으로, 남편이 그리스도와 자신을 동일시하지 않고 그리스도를 위해 아내를 대한다면 아내를 비하하는 통제와 까다로운 감독과 같은 오류를 방지할 수 있다. 남편이 마치 그리스도처럼 행한다 할지라도 그리스도께서는 교회를 딸이 아니라 아내로 대하며 이끄신다는 것을 기억해야 한다. 남편은 아내를 여종이 아닌 자신과 동일한 "공동 상속자"로 준비

시켜야 한다(롬 8:17). 에베소서 5장에서 말하는 비유를 잘못 이해하여 예수님과 같은 머리됨이라는 이름으로 하는 어떠한 형태의 리더십은, 과도한 통제, 까다로운 감독이나 억압적인 지배를 통해 아내를 개인적으로 미성숙함과 영적으로 약하거나 불안정한 존재로 양육하려는 경향이 있다. 그리스도는 그와 같은 아내를 만들지 않는다.

15. 성경의 중심 주제가 성에 따른 역할의 차이를 좁히는 방향으로 향하는 것인데, 이와 같은 본문들은 당시 사회의 가부장적 현상과 타협하려는 일시적인 사례라고 생각하지 않나?

우리는 바람직하지 않은 관계를 확실한 이상으로 여길 때가 있다. 또한, 우리는 성경이 때때로 이러한 부적절한 관계를 규정한다고 인식한다. 예를 들어서 예수님께서는 바리새인들에게 "모세가 너희 마음의 완악함 때문에 아내 버림을 허락하였거니와 본래는 그렇지 아니하니라"(마 19:8)라고 말씀하셨다. 다른 예로, 바울은 주인들이 종들을 더 존귀하게 여겨주기를 바라고 있음에도 불구하고 "이 후로는 종과 같이 대하지 아니하고 종 이상으로 곧 사랑 받는 형제로 둘 자라"(몬 1:16)라는 말씀은 바울은 그리스도인 종들이 그들의 주인과의 관계를 어떻게 맺어야 하는지를 규정하고 있음을 알 수 있다.

그러나 우리는 남편이 사랑으로 행하는 머리됨이나 경건한 남성이 장로직을 감당하는 것을 이혼이나 종에 관하여 언급한 것과 동등한 범주에 놓지 않는다. 그 이유 세 가지는 다음과 같다.

1. 남자와 여자의 개인적인 특질과 그에 따른 역할 구분은 인간의 죄로 인해 현 상태와 같은 타락(창 3장)이 있기 전 하나님의 창조역사(창 1, 2장)에서 비롯되었다. 우리는 성경의 "평등화 주제"가 '동성연합'을 타당한 것으로 이끈다는 주장을 반박하기 위하여, 복음주의 페미니스트들도 이성 결혼을 옹호하기 위하여 같은 논거를 사용한다고 믿는다. 복음주의 페미니스트들은 "성경의 평등화 주제"가 "자연의 창조 질서를 해체하는 것에 목적이 있지 않기 때문에 동성연합이 타당하다는 주장은 옳지 않다."고 말한다. 이러한 논거는 우리의 근본적인 주장이기도 하다.
2. 성경의 구속적 주제는 머리됨과 순종을 무너뜨리는데 목

적이 있지 않고, 창조 질서 안에서 본래 목적대로 회복시키는 데 있다.

3. 성경은 사랑으로 행하는 머리됨의 어떠한 폐단도 말하고 있지 않으며, 그것을 져버릴 것을 권하지도 않는다. 따라서 성경을 문맥적으로 상대화한 몇몇 가부장적 본문들을 가지고, 성경 전체를 극도의 평등주의로 묘사하는 것은 잘못된 것이다. 간단히 말해, 성경에는 머리됨에 반대하는 주제란 존재하지 않는다. 그러한 본문이 있는 것 같이 보이는 이유는, 훼손된 남성의 머리됨과 순종을 회복시켜야 함을 목적으로 묘사하는 경우로 봐야 한다. (이러한 해석학적 결함의 예는 '질문 50'을 참고하라.)

16. 오늘날 목사직에서 여성을 배제하기 위해 하는 이러한 주장들은 19세기 노예제도를 유지하기 위해 기독교인들이 한 주장과 유사하지 않는가?

이 질문에 대한 답을 '질문 15'를 다시 살펴보는 것으로 시작하자. 좀 더 깊게 나가자면 결혼제도를 보존하는 것은 노예제도를 보전하는 것과 같지 않다. 노예제도의 존재는 창조질서와 아무런 관련이 없다. 반면에 결혼제도는 창조질서에서 시작되었다. 노예와 주인이 서로 어떻게 관계해야 하는지에 대해 바울이 규정하는 것은 노예제도를 선으로 간주하기 때문이 아니다. 오히려 노예제도 해체의 씨앗은 빌레몬서 1:16("이 후로는 종과 같이 대하지 아니하고 종 이상으로 곧 사랑 받는 형제로 둘 자라"), 에베소서 6:9("상전들아,… [종들에게 향한] 위협을 그치라"), 골로새서 4:1("상전들아 의와 공평을 종들에게 베풀지니[종들을 너희의 형제와 같이 대하라]")에서 뿌려졌다. 이러한 평등의 씨앗이 싹이 트고 만개한 곳에서 노예제도가 중단된다. 실제로 디모데전서 1:10이 말하는 "인신매매하는 자"가 경건하지 아니한 자와 죄인에 속한다는 것(9절)을 바르게 이해한다면 비자발적인 노예 상태를 절대적으로 금지할 수밖에 없다.

하지만 남편과 아내가 결혼 안에서 서로 어떻게 관계하는지에 관한 바울의 규정은 결혼제도를 선한 것으로 본다. 결혼제도의 선함뿐만 아니라 건립 또한 태초부터 창조주의 의지에 있음을 알 수 있다(엡 5:31-32). 더군다나 바울이 결혼 제도의 건립을 창조 때부터 있었던 하나님의 의지에 놓음으로 결혼에 대한 규정들이 이와 같은 창조 질서로부터 흘러나왔다는 것을 보여준다. 그는 "한 몸을 이룰지로다"라는 창세기

2:24을 인용하면서 "나는 그리스도와 교회에 대하여 말하노라"라고 덧붙인다. 바울은 이 "비밀"로부터, 머리로서 남편(그리스도에 비유)과 그의 몸이나 육체로서 아내(교회에 비유)의 관계 방식을 이끌어 냈으며, 남편의 머리됨과 아내의 순종의 타당성을 도출해냈다. 따라서 결혼에 관한 바울의 규정은 그 제도 자체와 마찬가지로 창조 질서에 뿌리를 두고 있다. 하지만 노예제도는 아니다. 그러므로 몇몇 19세기 노예 소유주들이 공공연하게 주장하는 방식은 우리가 결혼생활에서 남편과 아내의 역할이 나뉜다는 주장과 유사하다 할지라도, 그들의 주장은 피상적이고 잘못된 것이다. 누구든지 노예제도를 옹호하기 위해 이를 성경을 통하여 증명하려 한다면, 그들의 성경해석은 명백히 잘못된 것이며 결정적으로 그들의 주장은 진 것이다.

매리 스튜어트 반 루웬Mary Stewart Van Leeuwen은 디모데전서 6:1-6을 가지고 19세기 노예제도를 지지한 기독교인들을 지적하였다. 그들은 "노예제도가 태초부터 시작하지 않았다 할지라도… 바울이 예수님의 계시에 근거를 두어 이 제도를 유지하려 한 사실을 볼 때 누구든지 노예제도(심지어 노예들의 노동환경을 개신하는 깃조차) 폐지를 원한다면 이는 세상을 향한 영

원한 성경의 가르침에 거역하는 것을 뜻한다."고 말했다.[8] 이와 같은 주장이 가지는 문제는, 바울이 인용한 예수님의 가르침이 노예제도를 "유지"하는 데 있지 않고, 죄로 인하여 이미 부분적으로 존재했던 제도 안에서 기독교인 노예와 주인의 행동을 규정하려는데 있다는 것이다. 예수께서 보증하시는 내적 자유와 사랑은 그 요구가 불공정하다 할지라도 기꺼이 수 리를 더 가게한다(마 5:41). 그러므로 하나님의 창조가 결혼제도의 토대가 된 것과 마찬가지로 예수님의 말씀이 노예제도의 토대가 되었다고 말하는 것은 잘못이다. 예수께서는 노예제도에 근거가 되는 어떠한 말씀도 하지 않으셨다. 하지만 태초에 하나님의 창조는 결혼제도와 남편, 아내의 상호보완적 역할에 확고부동한 근거를 준다.

마지막으로, 노예제도를 옹호하는 기독교인들과 같은 실수를 피하기 위해서 우리가 반드시 기억해야 할 것이 있다. 현대 사회에서 아주 강한 압력에 순응하도록 정당화시키기 위해 성경의 논거를 끌어들여 19세기 노예제도를 옹호했던 기독교인들과 오늘날 가장 닮은 이들은 상호보호주의자가 아니라 (당시 노예제도를 찬성했다면, 지금은 페미니즘을 찬성하는) 복음주의 페미니스트라는 사실이다.

17. 신약 성경은 결혼생활에서 아내들의 순종을 "가정법"(Haustafeln)이라 불리는 성경의 한 부분에서 가르치고 있다고 알고 있다. 그렇다면 성경이 현대의 문화에 반하도록 가르치는 것이 아니라 일시적으로 1세기에 널리 퍼져 있었던 방식에 맞추어 그것을 계속 고수하기보다 남성과 여성이 어떻게 관계를 맺어야 하는지에 대한 우리의 행동 양식을 어느 정도까지는 기꺼이 바꿔야 함을 인식하도록 가르치는 것이지 않겠나?

이 질문은 앞선 '질문 15'와 '16'에서 이미 다룬 내용의 복잡한 형태이다. 따라서 몇 가지 추가적으로 설명을 더하는 것이 도움이 될 것이다. 먼저 "가정법"은 에베소서 5:22-6:9, 골로새서 3:18-4:1, 그리고 비교적 정확하지는 않지만 베드로전서 2:13-3:7을 가리킨다. 이 구절들은 가족을 구성하는 아내와 남편, 자식과 부모, 그리고 노예와 주인과 같은 한 쌍의 구성원들을 위한 지침을 담고 있다.

질문과 같은 주장의 첫 번째 문제는 신약의 "가정법"의 지침이 당시의 상황과 일치하지 않았다는 것에 있다. 바울은 단순히 그의 문화로부터 내려오는 내용이나 형식을 계승시키기 위하여 성경에 적지 않았다. 즉 우리가 알고 있는 남성과 여

성에 대한 비성경적인 내용과는 전혀 다르다.[9]

두 번째 문제는, 부수적인 것(세상과 바울의 가르침이 공통적으로 가지고 있는 부분)을 극대화 시키고, 정말 중요한 것(근본적으로 "가정법"에서 말하는 결혼에 대한 바울의 가르침에 담긴 기독교 본성과 기초)을 최소화 한다는데 있다. 우리는 '질문 15'와 '16'에서 보는 바와 같이, 주위환경과 표면적으로 비슷한 점에 대해 말한다고 바울을 경솔하다고 할 수 없다. 그는 그의 머리됨의 가르침이 그리스도와 교회의 관계에 대한 본성을 기초로 하고 있으며, 이를 창조 자체와 마찬가지로 창세기 2:24에서 드러난 "신비스러운" 것으로 보았다.

따라서, 우리는 바울이 살고 있던 당시 문화에 맞는 일시적인 허용으로 바울의 진실성을 높이 산다거나 성경의 영감을 찬양한다고 생각하지 않는다. 또한 문화를 허용하는 것을 정당화하기 위해서, 바울의 권고가 창조 질서와 그리스도의 사역에 기초하고 있다고 주장하는 거라고도 볼 수 없다. 사도의 신학적 깊이와 신령한 영감이 바울을 세상으로부터 무엇을 이어받아야 하는지, 아니면 받지 말아야하는지를 분별하도록 이끌었을 뿐만 아니라, 바울의 창조와 관련된 윤리적 명령을 변치 않는 타당성을 가지고 있는 곳에 국한하여 허가하도록 이끌었다는 것과는 거리가 멀다. 따라서 우리는 바울의 결혼 양식을 지속적으로 적용할 수 있음을 확신해야하는 충분한 이유가 있다고 믿는다. 가정의 머리로써 남편은 그리스도께서 교회에게 함과 같이 사랑하고 인도해야하며, 아내는 교회가 그리스도를 존경한 것과 같이 남편의 사랑의 리더십을 따라야 한다.

18. 하지만 예수님께서 당시로선 혁신적인 방법으로 여성을 대하지 않았나? 또한, 이로 인해 예수님께서 우리의 위계전통을 깨뜨리고 사역에서 여성이 모든 역할을 맡을 수 있도록 길을 열어 놓으신 것이 아닌가?

우리는 예수님께서 행하신 사역이 죄인인 남자와 여자가 서로를 대하는 방식에 획기적인 영향을 미쳤다고 믿는다. 여성에 대한 예수님의 보살핌은 종종 분명했다. 그 예로 "그러면 열여덟 해 동안 사탄에게 매인 바 된 이 아브라함의 딸을 안식일에 이 매임에서 푸는 것이 합당하지 아니하냐"(눅 13:16)를 들 수 있다. 예수님께서는 남성과 여성이 서로를 폄하하는 교만을 꾸짖으셨다. 예수님께서는 리더십을 발휘하는 위치에서 겸손과 사랑으로 스스로 높아지려는 것을 대체하고 종의 위치에서는 순종함으로 노예근성을 대체하도록 설교하셨다. 또한, 예수님께서는 남자가 음욕을 품고 보는 것을 간음의 범주에 넣으셨고, 이 때문에 지옥에 가지 말 것을 경고하셨다(마 5:28-29). 예수께서는 이혼하여 아내를 버리는 기이한 행위를 비난하셨다(마 19:8-9). 또한, 예수께서는 우리가 매일 하는 무익한 말을 심문하기 위해 부르신다고 말씀하셨다(마 12:36). 그리고 예수께서는 우리가 대접 받고자하는 대로 서로를 대접하라고 명령하셨다(마 7:12). 예수께서는 다른 사람을 멸시하는 대제사장들에게 "창녀들이 너희보다 먼저 하나님의 나라에 들어가리라"(마 21:31)고 말씀하셨다. 예수께서는 여성들과 동행하셨고 여성들을 가르치셨을 뿐만 아니라, 그리스도의 부활하심을 증인으로 여성들을 삼으셨다. 예수님의 말씀은 남성과 여성을 불문하고 모욕하고 학대하는 어떠한 사회적 관습에도 적용할 수 있다. "너희는 어찌하여 너희의 전통으로 하나님의 계명을 범하느냐"(마 15:3).

 그렇다고 예수님께서 말씀하시거나 행하실 때, 남자가 이끌고 보호하고 지탱하는 일에 일차적인 책임을 진다는 창조의 질서를 비판하신 적이 있나? 예수님께서는 어디에서도 선한 질서에 대해 의문을 제기하신 적은 없었다. 그저 여성이 예수님께 시중을 들었고, 예수님으로부터 가르침을 받았으며, 달려가 제자들에게 예수님께서 부활하셨다는 것을 알렸다는 사실이, 남편의 사랑으로 행하는 머리됨과 영적인 남성에게만 장로직을 허용하는 것에 예수님께서 반대하셨음을 뜻한다는 주장에 동의할 수 없다. 우리는 단지 예수님께서 열두 명의 남성을 권위 있는 사도로 부르셨기 때문에 교회에서도 오직 남성에게만 장로의 직분을 주시길 선호하셨음에 틀림없다고 주장하지 않는다. 하지만 적어도 이러한 주장이 예수님께서 남성의 장로직이나 남편의 머리됨을 반대하셨다고 하는 그 밖의 어떠한 주장만큼이나 타당하다.

성경의 핵심 주제의 한 부분으로, 예수님께서 그의 사역을 통해 성별에 따라 역할이 구분된다는 것을 반대하셨다는 것을 증명하려는 노력은, 잘못 실행되고 있는 머리됨과 복종을 바로 잡는 것보다 그 자체를 무효화하도록 의도하셨다는 것을 가정할 때만(입증하기보다) 지속될 수 있다. 분명한 것은 예수님께서 급진적으로 교만과 두려움, 그리고 스스로 높아짐의 리더십을 몰아내셨다는 것이고 또한, 급진적으로 여성을 하나님 앞에서 가장 존귀한 자로 높이셨다는 것이다.

19. 바울의 사역에서 여성이 중요한 역할을 수행했음은, 바울의 가르침이 '여성은 사역에서 제외되어야 한다'라는 의미가 아니라는 것을 보이고 있지 않나?

그렇다. 하지만 바울이 여성과 함께 중요한 사역을 했다는 사실을 통하여 우리가 다루고 있는 논점은, 여성이 사역으로부터 배제되어야하느냐 배제되지 말아야하느냐에 관한 것이 아니다. 여성은 사역에서 배제되지 말아야 한다. 수많은 사역이 남성과 여성에게 열려 있다. 우리는 더욱 신중히 질문을 던져야한다. 그렇지 않으면 우리는 질문하는 시작부터 진리를 가리게 된다.

여기서 우리의 논점은, 바울과 함께 사역한 이들 중 남성에게 제한된 장로로 부합하지 않는 역할을 수행한 여성이 있느냐 여부에 관한 것으로 다뤄야 할 것이다. 우리는 위 질문의 답이 '아니요'라는 것을 믿는다. 톰 슈라이너Tom Schreiner는 이와 같은 문제를 『성경적 남자다움과 여자다움의 회복』11과에서 상세하게 다루었다. 하지만 우리는 동일한 문제를 바울의 사역에서 중요한 두 명의 여성을 살펴봄으로 설명할 수 있을 것이다.

바울은 유오디아와 순두게에 대하여 "복음에 나와 함께 힘쓰던 저 여인들을 돕고 또한, 글레멘드와 그 외에 나의 동역자들을 도우라"고 말하였다(빌 4:2-3). 바울은 유오디아와 순두게에게 그와 함께한 그들의 사역에 대하여 경의를 표하고 있는 것이다. 하지만 사역의 본질이 디모데전서 2:12에서 바울이 설명한 한계와 모순된다고 단언할 만한 설득력 있는 근거는 없다. 바울이 정한 한계에 반하는 사례를 인정하기 위해서는 누군가 그 한계가 모순된다고 가정해야한다. 바울은 빌립보서 1:1에서 분명히 "감독자"와 "집사" 모두 그가 빌립보에 있을 때 함께한 동료 사역자라고 언급하고 있다. 또한, 이는 남성에 대한 권위를 가지지 않고서도 "동료 사역자"가 될 수 있음을 말한다. (우리는 딤전 3:2과 5:17을 통해 집사와 장로를 구분하는 것은 가르침과 다스림의 책임에 있으며 그 책임은 집사에게가 아닌 장로에게 있다는 것을 가정한다.)

바울은 겐그리아 교회의 뵈뵈를 가리켜 "그가 여러 사람과 나의 보호자가 되었음이라"(롬 16:1-2)라고 말하며, 그를 "일꾼" 혹은 "집사"로 추천한다. 어떤 이는 헬라어로 "보호자"가 가지는 실제 의미가 "지도자"를 뜻한다고 주장한다.[10] 하지만 이러한 해석은 의문의 여지가 있다. 어떤 근거로 그렇게 주장을 하던 간에 바울이 뵈뵈를 '그의 지도자가 되었다'라는 의미로 말했다고 상상하기 어렵기 때문이다. 바울은 물론 뵈뵈가 바울과 바울의 공동체에 안식처를 제공하거나 복음 전파와, 특별히 바울을 위해 지역에서 영향력을 행사하는 후원자이었음을 뜻했을 것이다. 뵈뵈는 바울의 사역에서 아주 중요한 사람이었으며 중요한 역할을 담당했다. 하지만 뵈뵈에 대한 바울의 설명으로부터 디모데전서 2:12에 대한 우리의 이해와 반대되는 의미를 도출하기 위해서는 뵈뵈가 남성에게 권위를 행사했다는 것을 가정할 수밖에 없다. 하지만 본문은 그러한 것을 보이지 않는다.

20. 하지만 브리스길라는 아굴라를 가르치지 않았나(행 18:26)? 그리고 심지어 브리스길라는 그의 남편인 아굴라보다 먼저 성경에 언급되었다. 이는 초대교회의 교도권에 관한 관례가 여성을 배제하지 않았다는 것을 말하고 있지 않나?

우리는 브리스길라가 그리스도 안에서 바울의 동료 사역자 중 한 사람이었음을 간절한 마음으로 확신한다(롬 16:3)! 브리스길라와 그의 남편은 에베소와 고린도 교회에서 아주 영향력 있는 이들이었다(고전 16:19). 우리는 오늘날 우리 교회의 많은 여성들을 브리스길라와 같이 생각할 수 있다. 우리는 남편과 아내가 불신자(혹은 확신이 없는 신자나 다른 어떤 사람)를 방문했을 때 아내가 잠잠해야 한다고 성경 어디에서도 말하고 있다고 생각하지 않는다. 우리는 예수님의 이름으로 세례를 베풀 때, 성령의 역사를 설명하는 브리스길라가 열정적으로 대화하는 장면을 상상할 수 있다. 이러한 브리스길라의 열정은 디모데전서 2:12에서 바울이 여성에게 금지하는, 공적인 권위로 회중에게 성경을 가르치는 것과 상당히 다르다.

그렇다면, 이와 같은 환경에서 남성과 여성이 어떻게 행하는 것이 적합할까? 우리는 지나치게 단순화하거나 남자와 여자가 어떻게 행동하고 말해야 하는지를 인위적인 규칙들을 나열하면서까지 제시하고 싶지 않다. 오히려 브리스길라의 지혜와 통찰을 억누르지 않으면서 아굴라의 머리됨을 존중할 수 있도록 개개인의 역동성을 유지하는 섬세함과 민감함이 필요하다. 브리스길라와 아굴라에 관한 본문에서 묘사하는 상황은 이와 같은 이해로 설명할 수 있다.

우리는 브리스길라와 아굴라와 아볼로가 어떻게 서로 관계를 맺고 있는지에 대한 그 정신과 균형을 안다고 주장하지 않는다. 우리는 단지 페미니스트들이 재구성한 관계는 우리가 믿는 관계보다 근거가 빈약하다고 주장한다. 브리스길라가 교도권을 가지고 있다고 하기에는 그것을 증명할 만할 정보가 우리에게 너무 부족하다. 브리스길라의 이름이 먼저 기록되어있다는 것으로 브리스길라의 리더십을 추측한다고 그저 의견을 제시할 뿐이다. 성경을 기록한 누가는 브리스길라의 이름을 가장 앞에 두어 그녀가 귀히 여김을 받고 있음을 나타내고 싶었을지도 모른다(벧전 3:7). 아니면 우리가 모르는 다른 이유가 있을 수 있다. 브리스길라가 신약에서 여성의 교도권을 실증하고 있다고 말하는 것은 불확실하며 부당한 추론이라 할 수 있다. 이러한 추론은 복음주의 페미니스트들에 의해 반복적으로 주장되어 왔고 성별에 따른 역할의 구분을 반박하는 성경의 핵심 주제라고 불려왔다. 그러나 잘못된 많은 추론들은 성경의 핵심 주제가 될 수 없다.

21. 어떤 상황일 때 여성이 남성을 가르쳐도 괜찮다고 말하고 있는 것인가?

바울이 디모데전서 2:12에서 "여자가 가르치는 것과 남자를 주관하는 것을 허락하지 아니하노니 오직 조용할지니라"라고 말할 때 우리는 여성이 하는 모든 가르침을 절대적으로 금지하는 것으로 이해하지 않는다. 다른 본문에서 바울은 늙은 여성에게 "선한 것을 가르치는 자들이 되고 그들로 젊은 여자들을 교훈하되"(딛 2:3-4)라고 가르치며, 유니게와 로이스에게 유니게의 아들이자 로이스의 손자 디모데에게 준 가르침을 칭찬한다(딤후 1:5; 3:14). 또한, 잠언은, 현숙한 여인이 "입을 열어 지혜를 베풀며 그의 혀로 인애의 법을 말"(잠 31:26)하였기 때문에 칭찬한다. 바울은 교회에서 예언하는 여성을 지지하고(고전 11:5), 남성들이 이러한 예언을 "배울" 것을(고전 14:31) 말한다. 또한, 바울은 성도들(아마 남성과 여성)에게 "모든 지혜로 피차 가르치며 권면하고 시와 찬송과 신령한 노래를 부르기"(골 3:16)를 권고한다. 그리고 물론 아볼로에게 하나님의 도를 정확하게 푸는 자리에 아굴라 곁에는 브리스길라가 있었다(행 18:26).

바울이 디모데전서 2:12를 말하면서 여성이 하는 모든 형태의 가르침을 염두하고 말했다고 생각하는 것은 독단적이다. 가르침과 배움은 매우 광범위한 용어다. 어떠한 경우에도 여성이 남성을 가르칠 수 없고, 남성이 여성에게 배울 수 없다고 하기는 불가능하다. 성경은 본성도 가르치며(고전 11:14) 무화과나무도 가르치고(마 24:32), 고난도 가르치며(히 5:8), 사람의 행실도 가르치는(고전 4:6; 벧전 3:1) 경우가 있다고 말한다.

만약 바울이 가능한 모든 형태의 가르침과 배움을 마음에 둔 것이 아니라면 어떤 의미로 한 말일까? 첫째로, 이는 이곳 '교회가 기도와 가르침을 위해 모인 곳'이다(딤전 2:8-10; 3:15)라는 개념을 설정하도록 도움을 주는데 의미가 있다. 두 번째, 의미를 찾는데 가장 좋은 단서는 아마 "가르침"과 "남성에 대해 권위를 행사함"을 같이 묶는데 있을 것이다. 남성을 가르침과 리더십의 일차적인 책임을 지도록 부르셨다는 것을 훼손하는 배경에서나 방법으로 남성을 가르칠 때, 우리는 이러한 가르침이 여성에게 부적절하다고 말할 수 있다. 일차적인 책임은 목사와 장로가 지도록 해야 한다. 그러므로 우리는 오직 남성만이 이러한 직무의 책임을 지는 것이 하나님의 뜻이라 생각한다.

22. 목회자가 한 여성에게 성경을 회중에게 가르칠 수 있는 권한을 부여하고 그녀가 가르치는 동안 감독할 수는 없나?

교회 안에서 가르치는 모든 사역은 교회의 보호자와 감독자들에게 (즉, 장로) 승인을 얻어야 한다. 하지만 교회의 지도자들이 직분을 주지 않고 사실상 여성을 교역 장로로써 교회에서 가르치는 여성의 기능을 인정하도록 그 권한을 사용하는 것은 잘못된 것이다. 다시 말해서, 여성을 가르치는 자로 확증하기 위해서는, 성경적으로 두 가지 기준을 충족시켜야 하는데 먼저 교회의 영적 감독자(즉, 장로)의 지지를 얻어야 한다. 다른 하나는, 여성에게 남성 그룹을 가르치도록 기능을 부여해서, 신적 권위를 바탕으로 남성의 양심에 강하게 작용하고 있는 근복적인 본성을 무시하도록 하는 것이다. 그러나 위와 같은 행위는 바울이 디모데전서 2:12에서 말한 것을 위반하는 것이다. 따라서 목사는 성경 자체보다 더 높은 권위를 가지고 있지 않기 때문에 성경이 금하고 있는 무언가를 하도록 허용할 수 없다.

23. 어떻게 교회에서 여성이 예언하는 것을 찬성하면서 목사나 장로가 되는 것을 반대할 수 있나? 예언은 목사나 장로의 역할에 핵심이지 않나?

아니다. 목사/장로의 역할은 주로 다스리고 가르치는 것이다(딤전 5:17). 장로의 자격에 관한 목록에 가르치는 은사는 포함되어 있지만(딤전 3:2), 예언의 은사는 언급되지 않았다. 에베소서 4:11은 선지자를 목사/교사와 구분한다. 또한, 바울은 남성이 여성의 예언으로부터 배울 수 있다하더라도, 예언의 은사를 가르치는 은사와 구분하고 있다(롬 12:6-7; 고전 12:28). 어디에도 여성이 예언하는 것을 금하지 않는다. 단지 바울은 남성의 영적 리더십의 원칙을 손상시키지 않는 선에서 예언하는 행동을 규제할 뿐이다(고전 11:5-10).

초대교회의 예배는 예언을 구약에서 기록된 예언과 관련시켜 권위 있고 불변하는 계시와 같이 여기지 않았다.[11] 예언은 권면과 위로, 위안과 인도를 위해 성령을 통한(고전 14:30) 즉흥적이고 개인적인 계시를 사람의 언어로 나타내는 것이다(고전 14:3, 24-25; 행 21:4; 16:6-10). 따라서 예언은 사람의 연약함 혹은 불완전함으로부터 자유롭지 못하기 때문에 사도적(성경적) 가르침(고전 14:36-38; 살후 2:1-3)에 의한 검증(살전 5:20-21; 고전 14:29)이 요구된다. 초대교회 때의 예언이 오늘날의 설교나 공식적인 성경 해설에 상응했던 것이 아니다. 남성이나 여성 모두가 일어나 "예언"할 수 있었다. 예언을 통하여 그들이 믿는 하나님에 대해 나눔으로 교회에 유익을 가져다주었다. 반면에 이러한 말들을 공적으로 검증하는 일이나 정기적으로 성경을 가르치는 사역은 가르치는 장로의 책임이었다. 그리고 바울은 이러한 책임을 유일하게 남성에게 부여하였다.[12]

24. 사도행전 2:17; 21:9과 고린도전서 11:5에 설명되어 있는 것처럼, 여성이 공개적으로 예언하는 자유를 성경은 인정한다고 말하고 있는가?

그렇다.[13]

25. 고린도전서 14:34에서 "여자는 교회에서 잠잠하라"고 말하고 있기 때문에 '질문 24'에서 밝힌, 여성이 발언하도록 얼마만큼 허용할 것인가에 대한 당신의 입장은 완전히 성경적인 것 같지 않다. 이처럼 성경이 여성이 말하는 것에 직설적으로 금지하는 것을 어떻게 설명하는가?

우리는 바울이 고린도전서 11:5에서 여성이 교회에서 전적으로 침묵을 지켜야 한다는 뜻으로 말하지 않는 것이라고 믿는 이유는, 그가 여성에게 교회에서 기도하고 예언할 것을 허용했기 때문이다. "무릇 여자로서 머리에 쓴 것을 벗고 기도나 예언 하는 자는 그 머리를 욕되게 하는 것이니." 그러나 어떤 이는 이렇게 물어볼 수 있다. "어째서 당신은 고린도전서 11:5이 고린도전서 14:34의 의미를 제한하고 있다고 말하면서 그 반대로 생각하지 않는가?"

질문에 답을 시작하면서, 우리는 바울이 고린도전서 14:35과 고린도전서 11:6를 통하여 무엇이 여성에게 "부끄러운 것"이고 "수치스러운 것"인지 언급하고 있다는 것을 알 수 있다. (두 구절 모두 헬라어 *aischron*이 쓰였는데 이 단어는 고린도전서에서만 쓰였다.) 여기서 우리가 말하고자 하는 것은, 여성이 유능하고 지혜로우며 현명하고 잘 가르치는지 아니면 그렇지 아닌지를 가려내자는 것이 아니다. 얼마만큼 교회 안의 남성과 관련이 있느냐에 대한 것이다. 바울은 고린도전서 14:34에서 순종을 말하면서 고린도전서 11:3에서 남성을 머리라고 말한다. 따라서 부끄러움의 문제는 근본적으로 회중의 리더로서 남성의 역할을 존중하지 않음에 있다. 하지만 만약에 여성의 모든 발언이 부끄러운 것이라면 고린도전서 11:5에서 부끄러움에 대해 다룰 때 정확하게 했던 것처럼, 바울은 여성이 기도하고 예언하는 것을 용인하지 않았을 것이다. 하지만 바울이 고린도전서 11:5-16에서 말하고자 하는 것은, 여성이 대중 앞에서 기도하고 예언하는 자체에 있지 않고, 그들이 어떻게 그것을 행하고 있는가에 있다. 다시 말해, 여성이 기도하고 예언하는데 옷차림과 행실이 교회를 이끌도록 부름 받은 남성들의 머리됨의 확증을 나타내느냐에 있다.

비슷한 방식으로 여성이 발언하는 것에 "부끄러움"이라고 말할 때 바울은 어떤 종류의 발언을 그 마음에 담아 두고 한 말인지 고린도전서 14:33-36의 문맥을 들여다보자. 우리는 뛰어나게 말하는 능력이나 지혜가 아니라, 여성이 남성과 어떻게 관계를 맺고 있느냐가 중요한 이슈라는 것을 다시 한번 확인한다(*hypotassesthōsan* "오직 복종할 것이요"). 바울은 어떤 면에서 남성과 여성의 상호작용이 교회의 일차적인 지도자로 남성을 부르심을 훼손하는 일이 일어난다고 생각한 것이다. 『성경적 남자다움과 여자다움의 회복』 6장은 이 부적절한 상호작용이 고린도전서 14:29에서 말하는 예언을 분별하는 것과 관련이 있다고 상세하게 설명해주고 있다. 여기서 바울이 보기에 여성이 맡고 있는 역할은 부적절했고, 예언으로 선포된 것을 공적으로 판단하는 행위에서 여성은 잠잠하라고 말한 것이다.[14]

다시 말해 고린도전서 11장과 14장 양쪽 모두에서 바울은 여성에게 완전히 침묵하라고 말하지 않고, 하나님께서 양 무리의 보호자로 부르신 남성의 리더십을 기쁨으로 지지하는 것에 다양한 방법으로 참여하라고 말하고 있다.

26. 바울이 "남자나 여자나 다 그리스도 예수 안에서 하나이니라"(갈 3:28)라는 말씀을 볼 때, 교회에서 역할을 구분하는 기준에 성별을 제외하는 것이지 않나?

그렇지 않다. 대부분의 복음주의자들은 여전히 이 구절이 동성애를 정당한 것으로 보는 구절이 아님에 동의한다. 다시 말해, 우리는 "남자나 여자나"를 놓고 우리가 알고 있는 다른 구절에서 바울이 뜻하는바 그 이상의 뜻을 가진다고 해석하지 않는다. 예를 들어 우리는 로마서 1:24-32을 통해 알고 있는 것과는 다르게, 갈라디아서 3:28에서 말한 바울의 의미가 성적관계에 있어서 남성과 여성의 역할이 다르다는 창조 질서를 넘어서는 의미로 가르친다고 생각하지 않는다.

갈라디아서 3:28의 문맥을 통하여 남성과 여성은 그리스도 안에서 평등하다는 사실을 충분히 분명하게 알 수 있다. 남성과 여성은 동일하게 믿음으로 말미암아 의롭다 함을 얻었고 (24절), 동일하게 율법주의의 속박으로부터 자유함을 얻었으며(25절), 동등한 하나님의 자녀이고(26절), 동일하게 그리스도로 옷을 입었으며(27절), 동일하게 그리스도의 것이고(29절), 동등하게 아브라함에게 약속하신 유업을 이을 자이다(29절).

특히 바울의 마지막 축복은 중요한 의미가 있다. 여성에게 남성들과 함께 하나님의 약속의 상속자가 된다는 평등을 나타내는 축복이다. 베드로전서 3:1-7에서 "생명의 은혜"를 함께 이어받을 자(7절)로의 축복은 여성이 남편에게 순종할 것에 대한 권고(1절)와, 남편들에게 아내를 "더 연약한 그릇"으로 여기고 귀하게 여기고 귀하게 대하라(7절)와 연결되어 있다. 다시 말해, 베드로는 "남자나 여자나"에서 말하는 법리가 우리의 상속에 관한 것과 머리됨과 복종에 관한 법리와 어떠한 충돌도 일으키지 않는다고 보았다. 갈라디아서 3:28은 하나님께서 세우시고 그리스도께서 완성하신 성별에 따른 역할을 폐지하지 않는다.

그렇다면, 우리는 갈라디아서 3:28에서 바울이 실제로 무엇을 말하고 있느냐를 주목해할 것이다. 그는 "그리스도 안에서 당신은 모두 같다"라고 말하지 않고, "그리스도 안에서 당신 모두는 하나다"고 말한다. 바울은 그들의 동일함이 아니라 그리스도 안에서 그들의 연합을 강조하고 있는 것이다.

27. 구약에서 선지자 또는 리더십의 역할을 행한 여성에게도 하나님께서 지지를 보내는 것 같이 보이는데 이는 어떻게 설명할 수 있는가?

먼저, 하나님께서 여성에게 그분의 뜻을 계시하시는데 어떠한 반감(거리낌)도 없다는 사실을 잊지 말아야한다. 또한, 여성 선지자와 리더를 가리켜서 신뢰할 수 없는 전령이라고 말씀하지 않으셨다. 사역에서 남성과 여성의 역할의 구분은 여성이 진리를 받거나 전달하는데 무능력하다는 데 있지 않고, 가르치고 인도하는데 일차적인 책임이 남성에게 있다는 하나님의 질서에 있다. 예언하며 이끌었던 여성들의 예는 이러한 창조질서에 의문을 주지 않는다. 오히려 각각의 경우에도 남성의 리더십을 지지하고 존중했다거나, 남성이 이끄는데 실패했을 경우 이를 지적했다는 표시pointers가 있다.

여성 선지자였던 미리암을 예로 들 수 있다. 미리암은 그녀의 사역에 충실했는데, 우리가 말할 수 있는 건 이스라엘의 여성에 대한 사역이었다는 것이다(출 15:20). 여선지자 드보라는 사사였으며 야엘과 마찬가지로(삿 5:24-27), 이스라엘의 어머니였다(삿 4:4; 5:7). 드보라는 당시 더욱 용기 있는 지도자이었어야 했던 바락이나 이스라엘의 다른 남성의 약함을 입증하는 살아있는 고발장이었다(삿 4:9). (사사기 시대는 하나님께서 가장 이상적인 리더십의 비전을 세우기 위한 토대가 특히 불완전했던 시기이다. 그 당시에 하나님께서는 그의 현명하신 목적을 달성하시기 위해 하나님께서 계시하신 뜻에 따르지 않는 현상을 막지 않으셨다. [참고. 삿 14:4])

훌다의 경우도 분명히 비슷하다. 하나님께서는 그녀의 선지자적 은사를, 공적으로 말씀을 전하는 사역이 아닌 개인적인 자문의 형식으로 발휘시켰다(왕하 22:14-20). 또한, 신약 초기 여선지자 안나는 그녀의 삶을 성전에서 금식하고 기도하며 드렸다(눅 2:36-37).

우리가 기억해야할 것은, 하나님의 능력이나 계시를 한 사람에게 부여하신다 하여도 그것이 우리가 그 사람을 이상적인 모델로써 모든 면에서 따라야하는 확실한 표징이 될 수는 없다는 것이다. 구약에서 하나님께서 축복하신 인물들 중에 몇몇은 일부다처제를 행했다는 사실(예: 아브라함, 다윗)은 이를 뒷받침한다. 이를 통해 볼 때, 예언의 은사라 할지라도 그 자체가 한 사람의 순종과 하나님의 지지의 증거가 되지는 못한다. 사무엘상 19:23-24과 마태복음 7:22, 그리고 고린도전서 13:2을 통하여 은사 자체만으로는 하나님의 지지를 보증할 수 없다는 것을 확인할 수 있다. 더군다나 앞에서 언급한 여성들조차도 그 장면에서 카리스마적인 현상의 한 예로 들어날 뿐이지, 구약에서 보편적으로 적용할 만큼 남성이 책임을 지는 제사장직에 제도적으로 여성을 인정했다고 볼 수는 없다.

28. 남성보다 여성이 더 잘 속는다고 생각하는가?

디모데전서 2:14은 "아담이 속은 것이 아니고 여자가 속아 죄에 빠졌음이라"라고 말하고 있다. 바울은 이를 두고 여성에게 "가르치는 것과 남자를 주관하는 것을"(12절) 허락하지 않는 하나의 이유로 제시한다. 역사적으로 이 구절은 여자가 일반적으로 남자보다 더 잘 속고 속이기 쉽기 때문에 교회의 교리적 감독에 덜 적합하다는 것으로 해석되어왔다.

이와 같은 해석이 어떤 면으로는 맞을 수도 있다('질문 29' 참고). 하지만 우리는 바울의 주장에 대한 또 다른 해석에 매력을 느낀다. 사탄이 과녁으로 삼았던 것은 하와의 잘 속아 넘

어감(하와에게는 사실임에도 불구하고)이 아니라 오히려 하나님께서 에덴동산의 생명에 책임을 지도록 부여하신 아담의 머리됨이라고 생각한다. 치밀함을 갖춘 사탄은 가족의 유익을 위해 지정하신 하나님의 창조질서를 알았고, 이 때문에 의도적으로 남자를 무시하고 여자를 직접적으로 상대함으로써 창조질서를 거역했던 것이다. 사탄은 여성을 대변인, 지도자, 변호인의 자리에 앉혔다. 따라서 그 상황에서 남성과 여성 모두 원래 하나님의 질서에 거스르지 않는 자리에서 미끄러져 벗어나게 되었고, 오늘날까지도 서로를 깨뜨리는 방식으로 관계를 맺어나가는 모습을 그들 스스로 보이고 있다.

이러한 해석이 올바른 이해라면 디모데전서 2:14에서 바울의 뜻은 다음과 같다. "아담이 속은 것이 아니고(즉, 속이는 자는 아담에게 접근하지 않고, 아담은 속이는 자와 직접적으로 상대하지 않았다.) 여자가 속아 죄에 빠졌음이라(즉, 여자는 속이는 자와 상대하였고, 이러한 여자의 직접적인 접촉은 그녀를 속임과 죄에 빠지게 했다)." 여기서의 핵심은 남자는 속이기 어렵고 여자는 상대적으로 속이기 쉽다는 것이 아니라, 하나님께서 부여하신 리더십의 질서가 깨여졌을 때, 손상과 파멸을 가지고 온다는 것이다. 하나님께서 의도하신 질서를 그들 스스로가 버릴 때 남성과 여성 모두 오류와 죄에 더 취약해진다.

29. 하지만 디모데전서 2:14은 어딘가 하와가 아담보다 더 속임수에 취약하다고 바울이 생각하는 것처럼 보인다. 정말 그렇다면 이게 바울을 비판받을만한 맹목적 남성 우월주의자로 만들지 않나?

사실이 아니다. 만약에 누군가 여러분께 여성이 남성보다 약하거나 똑똑하거나 아니면 더 쉽게 두려워한다든지 등을 물어본다면 다음과 같이 대답하는 것이 좋다. 여성은 어떤 면에서 남성보다 약하고, 반대로 남성은 다른 면에서 여성보다 약하다. 여성은 어떤 면에서 남성보다 똑똑하고, 남성은 다른 면에서 여성보다 똑똑하다. 여성은 어떤 상황에서 남성보다 쉽게 두려워하지만, 남성은 다른 상황에서 여성보다 쉽게 두려워한다. 남녀가 각각 가지는 "약함"이라고 불리는 것에 부정적인 가치를 두는 것은 위험하다. 남성에게 속하는 특유의 모든 "약함"은 하나님께서 의도하신 것으로, 여성의 강점을 불러일으키고 돋보이게 한다. 마찬가지로, 여자에게 속하는 특유의 모든 "약함"은 하나님께서 의도하신 것으로 남성의 강점을 불러일으키고 돋보이게 한다.

설령 디모데전서 2:14의 의미가 어떤 상황에서 여자는 특징적으로 속임수에 더 연약하다는 뜻이라 할지라도, 앞서 우리가 언급 한 것처럼, 이는 남자다움과 여자다움이 가지는 가치에 아무런 영향을 주지 못한다. 어느 한 성이 다른 성에 대해 우월하다고 자랑하는 것은 어리석은 것이다. 하나님의 형상으로 창조되었다는 것은 적어도 다음과 같은 의미를 지닌다. 남자다움과 여자다움의 '약점'과 '강점'의 단을 각각 쌓아 올릴 때 가장 밑바닥의 가치는 동일할 것이다. 하나님께서는 그렇게 쌓아올린 두 단을 각각 상대방의 단 꼭대기에 올렸을 때 그들의 단이 서로 완벽하게 상호 보완하도록 하신다.

30. 만약에 성경에서 일반적으로 여성이 남성을 가르치는 것이 허락되지 않는다면, 왜 훨씬 쉽게 영향을 받을 수 있는 아이들을 가르치는 것은 성경이 허락하는가?

이 질문은, 우리가 믿지 않는 어떠한 것을 전제하고 한 질문이다. 우리가 '질문 21'에서 언급했듯이, 우리는 여성이 교리적으로나 윤리적으로나 무능력하기 때문에 성경이 여성에게 그들만의 역할을 부여했다는 전제에 우리는 동의하지 않았다. 사역에서 남성과 여성의 역할의 구분은 무능력이라는 전제가 아닌, 남성과 여성을 위한 하나님의 창조 질서에 있다. 남성이 여성과 관계성을 맺는 것처럼, 남자 아이가 여자 선생님과 관계성을 맺지 않는다. 따라서 여자 선생님이 남자 아이를 가르치는 것은 하나님께서 정하신 리더십의 원리를 훼손하지 않는다. (하지만 만약 우리가 교회에서 교역자를 구성하거나 가르칠 때 성경을 가르치는 것이 남성의 일차적인 책임이 아닌 단지 여성의 일이라고 말한다면 이는 하나님의 원리를 훼손하는 것이 될 것이다.)

31. 만약에 성경의 어떤 구절은 영구적으로 유효하지만 "땋은 머리로 하지말고"나 "머리에 쓴 것을 벗지 말라" 등의 구절과 같이 어떤 경우에는 절대적이지 않고 문화에 따라야 한다고 말한다면 선택적 문자주의라는 오류에 빠진 것이 아닌가?

우리의 모든 삶과 언어는 문화의 영향을 받기 마련이다. 우리는 성경적인 가르침을 완전히 다른 이 시대의 문화에 어떻게 적용해야 하는지 분별하기 위해 노력하는 모든 해석자들의 시도를 함께 공유하기 원한다. 여기에는 어떤 계명이 영구적으로 유효한지 그렇지 않은지도 입증하는데, 하나님께서

명하신 창조 원리에 뿌리를 두고 있는지의 여부는 문맥을 통해 증명하려는 노력이 요구된다. 우리는 성경 전체에 펼쳐져 있는 구절들을 연구할 것이다.

반면에 어떤 계명이 특정 상황이나 문화에 제한적이라는 것을 증명하기 위해 우리는 (1) 정말 그러한지 문맥에서 그 단서를 찾고 (2) 정말 제한된 적용인지 아니면 불변하는 요건인지 보기 위해 동일한 주제를 다루는 성경의 다른 본문들과 비교를 하고 (3) 이러한 명령이 가지는 문화적 특수성이 어째서 하나님의 본성, 복음 혹은 창조질서에 뿌리를 두고 있지 않는지를 보이기 위해 노력한다. 교회와 가정에서 어떻게 남성과 여성이 관계를 맺어야 하는지에 바울과 베드로는 순종과 리더십뿐만 아니라, 여성의 장식의 형태에 대한 지침도 가르치고 있다. 다음은 이와 관련된 구절을 직역한 것이다.

> 마찬가지로 여자는 스스로를 장식할 때 머리를 땋거나 금이나 진주와 같은 값비싼 옷으로 하지 말고 겸손과 분별로 단정한 복장을 해야 한다. 이는 선한 행실을 통해 하나님을 경외하는 여성들에게 적합한 것이다. (딤전 2:9-10)

머리를 땋고 금을 차거나 옷을 입는 것으로 외적인 단장을 하지 말고 속사람을 온유와 차분한 심령의 불멸하는 것(보석)으로 하라. 이는 하나님 앞에서 귀한 것이다. (벧전 3:3-4)

위와 같은 명령들이 오늘날과 무관하다고 보는 것은 옳지 않을 것이다. 이 명령들이 우리에게 분명히 말하는 한 가지 가르침은 옷과 머리스타일, 보석과 같은 걸로 겉모습에 치중하는 것보다 "선한 행실"과 "속사람"을 꾸미는 것에 더욱 노력해야 한다는 것이다. 둘 중 어느 구절에서건 바울과 베드로가 명령한 겸손과 분별로 단정할 것과 겉치레를 향한 경고를 무효화할 이유는 없다. 다만 우리에게 남겨진 질문은 머리를 땋고 금과 진주로 장식하는 것이 본문이 쓰인 당시나 지금 시대에 본질적으로 죄가 되는지에 대한 여부이다.

하지만 위 구절들의 문맥을 살펴볼 때, 한 가지 분명한 것은, 장식하는 것이 죄가 되는지에 대한 여부가 중요하지 않다는 것이다. 베드로는 "너희의 단장은 머리를 꾸미고 금을 차고 아름다운 옷을 입는 외모로 하지 말고"라고 말한다. 헬라어 성경은 "좋은" 옷(NIV, RSV)이라 말하지 않고 "옷을 착용하는 것"이라 말하고 있으며, 이를 "착용하고 있는 옷"(ESV) 이나 "옷을 입는 것"(NASB)으로 해석할 수 있다. 이제 우리는 베드로가 옷을 입는 것 자체를 비판하는 게 아니라는 것을 알게 되었다. 그는 잘못된 옷 착용에 대해 비판한 것이다. 그의 비판은 금장식이나 머리를 땋는 것에도 똑같이 적용될 수 있다. 여기서 중요한 것은, 베드로는 본질적으로 악한 것을 향한 것이 아니라, 세속적으로 자신을 표현 하기 위해서나 자기를 과시하기 위해 장식 등을 오용하는 것에 대한 경고이다. 여기에 하나를 더 추가하자면, 머리됨과 순종(딤전 2:13-14)은 창조질서에 뿌리를 두고 있지만, 바울과 베드로가 말한 겸손의 구체적인 모습은 그렇지 않다. 따라서 우리는 선택적 문자주의가 아니라고 주장한다.

32. 하지만 고린도전서 11:13-15에서 바울이 창조질서에 근거하여 여성이 예배 중에 머리를 덮어야 한다고 말하지 않았나? 왜 순종과 머리됨에 대한 가르침이 오늘날에도 적용되어야한다고 말하면서 머리 덮는 것은 그렇지 않은가?

이 질문에 답하기 위하여 우리는 또 다른 질문에 답을 해야 할 것이다. 과연 바울은 창조 질서가 머리를 가리는 것을 좌우한다고 말하는 것인지, 아니면 단지 여성이 머리를 가리는 것과 같은 모습으로 나타난, 문화적으로 알맞은 남자다움과 여자다움의 표현하는 것을 좌우한다고 말하는 것인가? 우리는 후자를 뜻하고 있다고 생각한다. 핵심 구절을 살펴보자. "스스로 판단하라 여자가 머리를 가리지 않고 하나님께 기도하는 것이 마땅하냐 만일 남자에게 긴 머리가 있으면 자기에게 부끄러움이 되는 것을 본성이 너희에게 가르치지 아니하느냐 만일 여자가 긴 머리가 있으면 자기에게 영광이 되나니 긴 머리는 가리는 것을 대신하여 주셨기 때문이니라."(고전 11:13-15)

사람의 본성이 어떻게 긴 머리가 남성에게 부끄러움이 되게 하고 여성은 가리게 하도록 가르치겠는가? 본성은 여성에게 남성보다 더 많은 털을 지니게 하지 않는다. 실제로 본성대로 둔다면 남성은 머리뿐만 아니라 얼굴에까지 털로 덮이기 때문에 남성이 여성보다 털이 더 많다고 할 수 있다. 따라서 우리는 본성이 가르치는 다른 방법이 있다는 것을 알 수 있다! 이 바울의 가르침에서 우리는 관습과 본성이 공존한다고 믿는다. 한편, 관습은 머리의 어떤 모습이 일반적으로 여자다운지, 남자다운지에 영향을 미친다. 다른 한편으로, 본성은 여자다움을 상징하는 것을 남성이 걸쳤을 때 남성이 부끄러움을 느끼는 것에 영향을 미친다. 우리는 교회의 남성에게 "당신에게 교회에 그렇게 입고 오지 말라고 본성이 가르쳐주지 않나요?"와 같은 질문으로 일종의 압박을 느끼게 할 수 있을 것이다. 우리의 본성이 가르치는 것은 문화적으로 형성된 남자다움과 여자다움의 상징을 무시했을 때 남성과 여성에게 부끄러움을 느끼도록 하는 것이지, 그 상징이 무엇이어야 하는지는 가르쳐주지 않는다.

여성의 머리를 가리켜 "가리는 것을 대신하여 주셨기 때문이니라"(15절)라고 말할 때 바울은 본성은 여성에게 머리카락을 주었으며 또한, 여자다움을 드러내는데 당시 지배하고 있는 관습을 따르려는 경향을 주었다고 말한다. 이러한 관습에는 머리를 길게 기르고 말아 올려 덮게 안으로 넣도록 하는 것을 포함하고 있다. 따라서 이 구절을 통하여 바울이 주장하는 핵심은 창조질서(고전 11:7-9)에 근거한 남자다움과 여자다움의 관계가 예배에서 알맞은 모습으로 표현될 수 있도록 해야 한다는 것이다. 그리고 본성은 이러한 남자다움과 여자다움의 상징을 나타낼 때 남성과 여성에게 깊으면서 서로 다른 성향을 부여하도록 가르친다.

33. 우리의 교회 안에서는 여성을 장로로 세우는 것을 금지하면서 여성을 선교지로 보내어 가정에서는 하지 못하는 사역을 하도록 한다면 어떻게 이를 일관된 것이라 할 수 있나?

우리는 수많은 미혼, 기혼 여성들을 선교지로 향하게 하는 믿음, 사랑, 용기와 헌신에 경외심을 갖는다. 룻 터커Ruth Tucker의 이야기를 담은 『여선교사열전』*Guardians of the Great Commission: The Story of Women in Modern Missions*은 위대하다.[15] 또한, 우리는 이 이야기가 세계 복음화의 위대한 사역을 위해 수많은 여성 그리고 남성에게 영감을 불어 넣어 줄 것을 기도한다.

이러한 모습은 일관된 것이라 생각한다. 가정에서 "금지된 것"을 사역지에서 하도록 보낸다(파송)는 말은 과연 사실일까? 만약에 그렇다면 수 세기 동안 선교사가 된 대다수의 여성들이 우리와 마찬가지로 리더십에 대한 남성의 책임을 지지하였다는 사실을 주목해야한다.[16] 그리고 가장 열정적으로 여성 선교사를 모집하고 여성 선교사들을 지지해온 남성들이 지금까지 그렇게 해온 이유는 남성과 여성에 대한 우리의 비전에 동의하지 않아서가 아니었다. 그들은 복음 전도에서 여성들이 해온 사역(때로는 남성보다 더 잘 할 수 있는)의 무한한 가능성을 보았기 때문이다.

예를 들어, 허드슨 테일러Hudson Taylor는 한 중국인 전도사가 유럽 남성 선교사 대신에 "자매 선교사"와 함께 사역하는 것을 보았을 때 다음과 같이 당부했다. "가르치는 모든 사역과 말씀을 전하는 모든 사역, 그리고 선교를 대표하는 일을 그(남성 중국인 전도사)에게 위임하십시오. 그리고 그는 선교 사역의 머리로서 반드시 주체적으로 행해야 합니다."[17]

선교지에서 "약함"은 역설적인 강점으로 계속해서 인정되었다. 메리 슬레서Marry Slessor는 "약함"이라는 강점을 놀라운 모습으로 표현하였는데 현지 부족인들에게는 남성 사역자보다 자신이 덜 위협적이기 때문에 아프리카의 탐방되지 않은 지역을 홀로 갈 수 있도록 허가해야 한다고 주장했다.[18]

또 다른 예는, 보스턴시의 한 목사이자 선교사, 정치인이며 훗날 고든 대학과 고든 콘웰 신학대학으로 확장되는 보스턴 선교 훈련 단체Boston Missionary Training Institute를 1889년에 설립한 A. J. 고든A. J. Gordon이다. 그는 여성 선교사를 강력하게 장려했고, 특히 사도행전 2:17에서 말하는 예언하는 딸들로 호소하였다. 하지만 그의 선교지에서 가장 광범위한 여성사역의 충만함에서 그는 디모데전서 2:12를 우리의 시각과 비슷하게 바라보았다.

> 하지만 공적인 가르침은 금지한다는 것을 인정합니다. 이것이 무슨 뜻입니까? 가르치고 다르시는 것은 장로의 특별한 기능입니다. 알포드Alford는 교회의 은사로 명명된 교사와 목사(엡 4:11)를 동일하게 여깁니다. 신약성경에서 여성이 교회의 주교나 교사로 세워진 사례가 없습니다. 그러한 예가 없다는 것은 기독교 회중의 목사로 여성을 임명하는 것을 삼가도록 우리를 이끕니다. 하지만 주님께서 이를 제한하신 거라면 우리는 이를 근거로 믿어야 합니다. 여성들이 은혜의 특권에서 덜 선호되는 위치에 있는 것이 아니라, 특정한 봉사를 감당하기에는 본질 자체에서 제한이 있기 때문입니다.[19]

우리는 이러한 바울의 가르침을 기존교회established church에서 이머징 처치emerging church까지 적용하는데 불확실함이 있음을 인정한다. 또한, 우리는 브리스길라의 조언과 디모데전서 2:12의 교훈을 생각해 볼 때, 공적으로 가르치는 역할을 나누는데 있어서 불확실함이 있다는 것을 인정한다. 1868년 허드슨 테일러가 미스 폴링Miss Faulding에게 보낸 편지를 통하여 어떻게 성경적으로 그리고 문화적으로 신실하기 위해 고군분투하는지 그 모습을 상상해 볼 수 있다.

> 제가 언제 돌아 갈 수 있을지 모르겠습니다. 나를 기다리는 것이 교회 사역에 도움이 되지 않을 것입니다. 당신은 목사의 자리에 위치할 수 없습니다. 그렇지만 수용하고 배제하는 일에 있어서 만큼은 (왕Wang) 레드쥰Laedjun이 행하도록 반드시 도와야 할 것입니다. 당신은 후보자들에게 개인적으로 말할 수 있고, 교회의 회의에 참석할 수 있으며, 다른 이들을 통하여 세례를 받고자 하는 자들에게 무엇을 물어볼지 의견을 낼 수 있습니다. 회의가 끝난 후에 당신은 레드쥰과 개인적으로 이야기해서 다음에 누구를 만나면 좋겠는지 추천할 수 있습니다. 이로 인하여 레드쥰은 어떠한 부끄러움도 느낄 필요가 없습니다. 따라서 그는 그가 필요한 도움을 받을 수 있습니다.[20]

우리는 선교사 사역의 수백 가지 역할 중에 어떤 분야가 목회자/장로의 직분과 밀접하게 관련이 되어 있고, 그렇기 때문에 여성들에게 부적절한가에 대해 옥신각신함으로 세계 선교의 위대한 대의를 방해하기를 원치 않는다. 우리에게 분명한 것은 여성은 복음 안에서 동료 사역자이며 남성과 동등하게 분투하는 동료 사역자라는 것이다(빌 4:3; 롬 16:3, 12). 우리는 이 시대의 위대한 사역인 지상명령The Great Commission을 완수하기 위해 조금 덜 이상적인 역할을 감당하는 것을 기꺼이 감수해야한다.

우리는 남성이나 여성에게 가정에서 금지된 일들을 행하도록 보내지 않기를 소망한다. 우리는 여성을 교회의 목사나 장로로 세워지도록 보내지 않는다. 절대 다수의 여성 복음전도자들이나 교회 개척자들은 그들 스스로 이와 같이 금지된 일을 구하지 않는다. 우리는 여성이 복음을 이야기하고 남성과 여성을 그리스도께 인도하는 것을 반대하고자 하는 말이 아니다. 룻 터커Ruth Tucker에 의하면 세상에 수많은 잃어버린 여성들이 있다는 사실이 "여성 선교 운동의 타당한 이유"인 것처럼, 하나님께서 그 가운데서 여성이 사역하는 것을 금지하셨다고 생각하지 않는다.[21] 설령 한 여성이 우리보다 더 제한적인 시각을 가진다 하더라도 세계의 잃어버린 소중한 이들의 3분의 2 이상이 여성과 아이들이라는 사실은, 이들에게 복음을 전하고 가르칠 수 있는 기회가 그렇지 않을 기회보다 많다는 것을 의미한다.

우리가 쏟는 열정은, 여성이 사역하는 것을 감시하는 자가 되고자 함이 아니다. 우리의 열정은 모든 하나님의 백성이 손을 잡고 하나님의 방법으로 "그의 영광을 만민 가운데에 선포하는 것"이다(시 96:3).

34. 하나님께서 주신 은사를 여성이 사용하는 권리를 부정하는가? 하나님께서 영적 은사를 주셨다는 것은 하나님께서 교회의 신앙을 강화시키는데 사용하는 것을 지지하신다고 볼 수 있지 않나?

영적 은사를 지녔다는 것이 그것을 사용하는 보증이라고 할 수는 없지만 우리는 그 사실을 기쁘게 생각한다. 존 화이트John White는 "어떤 이들은 성령 하나님의 능력이 개인의 삶에서 거룩하지 않는 결과를 낳을 수 있음을 불가능한 것으로 생각하는데 그렇지 않다."고 말했다.[22] 우리는 그의 말에 동의한다. 영적 은사는 성령 하나님에 의해서 부여받지만 또한, 성경에 의해서 규제된다. 바울은 고린도전서에서 이를 분명히 말하고 있는데, 예를 들어, 방언의 은사를 가진 이들은 통역하는 자가 없으면 공적으로는 잠잠할 것과, 예언하는 자 역시 다른 이에게 계시가 있으면 예언하던 것을 그칠 것을 당부한다(고전 14:28-30). 우리는 하나님께서 여성들에게 주신 은사를 사용하는 권리가 있다는 것을 부인하지 않는다. 하나님께서는 여성들이 가르치고 공동체를 관리하며 전도하는 은사를 가질 때, 그들을 성경의 가르침에 따라 사용하기를 원하시며 또한, 그들의 헌신을 영화롭게 하실 것이다.

35. 만약 진정으로 하나님께서 여성을 목사로 부르셨다면 어떻게 여성이 목사가 되어서는 안 된다고 말할 수 있나?

우리는 하나님께서 진정으로 여성을 목사로 부르셨다고 믿지 않는다. 이렇게 말하는 이유는 우리가 누군가의 개인적인 경험을 읽을 수 있기 때문이 아니라, 개인적인 경험은 언제나 하나님의 말씀, 성경의 공적인 기준을 통해 점검되어야 한다고 믿기 때문이다. 만약에 일차적으로 가르치고 다스리는 책임을 남성이 홀로 지는 것이 성경이 말하는 하나님의 뜻이라면 성경이 하나님께서 여성을 목회자로 부르시지 않았음을 가르치고 있다는 것을 또한 암시한다. 교회는 초대부터 각각의 개인적인 감각 자체가 하나님의 신성한 부르심을 분별하는 적절한 기준이 되지 못했음을 알았다. 분명히 하나님께서는 선택하신 목회자들(롬 10:15)을 보내신다. 그러나 동시에 하나님께서는 부르심을 받았다고 생각하지만, 그렇지 않는 자들을 향해 경고 하신다 "내가 그들을 보내지 아니하였으며 명령하지 아니하였나니"(렘 23:32).

아마도 몇몇 진실한 여성 기독교인들이 분별한 목회자로의 신성한 부르심은, 실제로 목회직이 아닌 사역으로의 부르심일 것이다. 봉사하고자 하는 신성한 충동은 성령 하나님으로부터 구체적인 봉사의 명확한 방법 없이 기독교인들에게 빈번하게 찾아온다. 이러한 점에서 우리는 우리의 은사뿐만 아니라 남성과 여성으로서 우리에게 적합한 것이 무엇인지에 대하여 성경의 가르침을 살펴보아야 한다.

36. 가정과 교회와 관련하여 권위가 가지는 의미는 무엇인가?

이 질문은 중대하고 결정적인 질문이 될 수 있다. 권위와 그 권위에 따른다는 측면에서 삶의 기본적인 관계가 잘 들어맞는다는 것을 신약성경은 잘 보여주기 때문이다. 예를 들어, 부모와 자녀의 관계는 부모가 자녀에게 순종할 것을 요구할 수 있는 권리에 기초하였을 때 제대로 작동된다(엡 6:1-2). 문민정부는 시민들의 행동을 통제하는 법을 제정할 권리가 있다(롬 13:1-7; 딛 3:1; 벧전 2:13-17). 대부분의 사회제도는 다른 이들에게 어떠한 행동을 하도록 요구 할 수 있는 권리를 몇몇 구성원들에게 부여하는 구조를 가지고 있다. 그러한 예로 군대와 사업 분야가 가장 쉽게 떠오른다(마 8:9; 벧전 2:18-20).

신약성경에서, 성도들이 따르도록 부르심을 받은 섬기는 리더servant-leader는, 믿는 자들의 성직자로서 교회를 다스린다(살전 5:12; 히 13:7; 딤전 3:5; 5:17). 결혼생활에서 아내는 희생적인 남편의 머리됨에 순종하도록 부르심을 받았다(엡 5:22-33; 골 3:18-19; 벧전 3:1-7). 최종적으로 이 모든 권위의 근원은 하나님의 절대적 권위이다.

우리가 권위에 대한 정의를 내리려할 때 곧 분명해지는 것은, 권위의 형태가 한 관계에서부터 다른 관계로 변한다는 것이다. 우리는 일반적으로 권위를 다른 사람에게 방향을 제시하거나 지시를 내릴 권리right(마 8:9)와 권세power(막 1:27; 고전 7:37), 그리고 책임responsibility(고후 10:8; 13:10)으로 정의할 수 있다. 이러한 정의는 하나님의 모든 관계에서 하나님께 온전하게 적용된다. 하지만 사람과 사람과의 다양한 관계 속에서는 아주 다른 방법으로 적용된다.

다른 사람들에게 지시하는 권세power를 예로 들자면, 권력은 정부에게 칼을 쥐게 하고(롬 13:4), 부모에게 회초리를 쥐게 하며(잠 13:24), 기업이 고용인을 해고할 수 있게 하고(눅 16:2), 장로들이 교회에서 치리할 수 있게 한다(마 18:17; 고전 5:1-8). 비슷하게도 다른 사람에게 지시하는 권리right의 정도는 각각의 관계에 따라 다양하다. 예를 들어, 부모는 어린 자녀들의 인생에 극히 작은 부분까지 세세하게 직접 참여할 수 있는 권리를 가진다. 부모는 아이들이 포크를 올바로 들고 똑바로 앉을 수 있도록 가르친다. 하지만 정부와 교회는 어린 자녀들에 대해 부모와 같은 광범위한 권리를 가지지 못한다.

그리스도인들에게는 권리와 권세에 해당하는 부분은 약해지고 책임에 대한 부분은 두드러진다. 예수께서는 제자들에게 이러한 부분에 대해 말씀하셨다. "이방인의 집권자들이 그들을 임의로 주관하고 그 고관들이 그들에게 권세를 부리는 줄을 너희가 알거니와 너희 중에는 그렇지 않아야 하나니 너희 중에 누구든지 크고자 하는 자는 너희를 섬기는 자가 되고"(마 20:25-26). 권위는 강력하게 주장하는 권리가 아니라 짊어져야 할 부담이다. 권위는 다른 성도들의 유익을 위하여 이행해야할 신성한 의무이다. 교회의 공동체원을 출교시키는 것은 고통스러운 최후의 수단이다. 부모가 아이들을 회초리로 때리는 것은 사랑이다. 고용주는 자비를 베푼다. 하지만 그렇다고 해도 누구도 권위의 구조를 없애지 않는다. 오히려 이러한 권위는 권리와 권세를 초월하는 사랑을 베푸는 책임으로 변화시킨다.

이와 같은 권위의 변화는 결혼생활에서 가장 철저해진다. 이것이 우리가 권위를 리더십과 머리됨의 측면에서 말하고자 하는 이유다. 성경은 아내를 굴복시키기 위해 남편에게 육체적 힘을 쓰도록 허락하지 않는다. 에베소서 5:25-27은 그리스도의 신부를 거룩함으로 인도함을 보여준다. 이때 그리스도께서 신부를 위해 고난을 받으셨지, 신부가 그리스도를 위해 고난을 받게 한다고 하지 않으신다. 남편의 권위는 자존심을 과시하도록 부여하신 본질적인 권리가 아닌, 겸손으로 행하도록 하나님께서 지우신 부담이다.

남편이 그 권위로 그의 권력을 정당화하는데 사용하는 것을 막기위해서는 최소한 아래의 세 가지를 지켜야한다.

(1) "한 몸"은 특별한 친밀함과 연합이 내포되어 있는데, 이를 저해해서는 안 된다. "누구든지 언제나 자기 육체를 미워하지 않고 오직 양육하여 보호하기를…."(엡

5:29-31)

(2) 남편은 베드로전서 3:7에서 명령하신 것처럼, 아내를 생명의 은혜의 공동 상속인으로 대우하며 특별히 존중해야 한다.

(3) 아내를 어린 아이처럼 남편에게 의존하도록 하는 것이 아니라 그리스도 안에서 공유하는 성숙을 기르는데 목적을 두어야 한다.

따라서 권위는 일반적으로 다른 사람을 향한 권리, 권세, 책임을 말한다. 하지만 권위의 요소들의 모습과 균형은 성경의 가르침에 따라 다양한 관계에서 다르게 나타날 것이다.

37. 회중적 교회 정치를 수용한 교회에서 장로가 아닌 회중이 그리스도와 성경 아래에서 가장 높은 권위라면, 여성은 한 회중으로써 투표가 가능한가?

가능하다. 사도행전 15:22은 "이에 사도와 장로와 온 교회가 그 중에서 사람들을 택하여 바울과 바나바와 함께 안디옥으로 보내기를 결정하니"라고 말하고 있다. 이 구절은 "만인 제사장"의 성경적 표현으로 보인다(벧전 2:9; 계 1:6; 5:10, 참고 마

18:17). 우리가 이 구절은 디모데전서 2:12과는 일치하지 않다고 여기는 이유는, 교회의 권위와 교회를 구성하는 개개인의 권위가 동일하지 않기 때문이다. 우리가 교회의 회중이 권위를 가지고 있다고 말할 때, 각 남성과 각 여성이 그 권위를 갖는다는 것을 의미하지 않는다. 따라서 개개인의 특질의 한 부분으로써 성gender은 회중의 공동 결정을 내리는데 중요한 요소가 아니다.

38. 로마서 16:7에서 바울은 "내 친척이요 나와 함께 갇혔던 안드로니고와 유니아에게 문안하라 그들은 사도들에게 존중히 여겨지고 또한, 나보다 먼저 그리스도 안에 있는 자라"고 기록했다. 여기서 유니아는 여성인가? 또한, 유니아는 사도이지 않았나? 그렇다면 초대교회부터 여성이 남성에 대해 아주 권위적인 위치에 있었음을 바울이 기꺼이 인정한 것이라고 볼 수 있지 않나?

위 세 가지 질문을 하나씩 살펴보자. (1) 유니아는 여성인가? 우리는 알 수 없다. 유니아가 남성인지 여성인지를 말할 수 있는 증거는 결정적이지 않다. 어떤 번역은 유니아(여자이름)로 다른 번역은 유니아스(남자이름)를 취한다. 우리는 호

머(BC 9세기?)에서부터 AD 5세기에 이르기까지 2,889명의 저자로부터 쓰여진 8,203개의 모든 헬라 문서를 Thesaurus Linguae Graecae[23]를 통해 디지털로 입수하여 조사를 마쳤다. 또한, 우리는 모든 형태의 *Iounia*-를 조사하여 가능한 모든 경우를 찾아내고자 했다. (형태학적으로 남성형 *Iounias*로부터 파생될 수 있는 남성형 소유격, *Iouniou*의 제1 [격]변화는 조사하지 않았다. 로마서 16:7에서 *Iounias*를 남성형 소유격 형태라는 주장을 쓸모없게 하는 *Iouniou*는 다른 남성의 이름인 *Iounios*[-as가 아닌 -os로 끝나는]로부터 파생된 단어일 수 있다고 말할 수 있는 방법이 없기 때문이다.)

우리는 컴퓨터에서 검색한 결과, 로마서 16:7에서 유니아를 제외하고 3가지 사례를 찾을 수 있었다.

a. 풀루타르코스(Plutarch, 약 AD 50-120)는 그의 저서 『*Life of Marcus Brutus*』에 부루투스Brutus와 카시우스Cassius 사이에 갈등을 서술하였다. "…그들은 가족이었음에도 불구하고 카시우스는 부루투스의 누이인 유니아Junia와 결혼했다[*Iounia gar adelphe Broutou sunoikei Kassios*]."

b. 에피파니우스(Epiphanius, AD 315-403)는 살라미스Salamis 안의 사이프러스Cyprus의 주교이다. 그의 저서 『*Index of*

Disciples』에 다음과 같은 내용이 있다. "바울이 언급한 Iounias는 시리아Syria 아파메이아Apameia의 주교가 되었다."[25] 헬라어 "누구의of whom"에 해당하는 구는 남성 관계 대명사로 (hou) Epiphanius는 Iounias를 남성으로 보았다는 것을 시사한다.

c. 요하네스 크리소스토무스(John Chrysostom, AD 347-407)는 로마서 16:7을 설교하는 중 Juina(s)에 관하여 "이 여인의 헌신이 얼마나 위대한가! 사도의 직분에 합당한 자로 여겨져야 할 것이다."라고 말하였다.[26]

우리가 위 세 가지 사례로부터 배울 수 있는 것은 Junia(s)는 신약시대에 여성의 이름으로 쓰였다는 것이다(플루타르코스). 바울이 언급한 Junia(s)가 에피파니우스의 주장에 따라 남성이었는지 크리소스토무스의 주장에 따라 여성이었는지 교부들의 의견은 분명하게 양분되었다. 아마도 에피파니우스의 주장에 좀더 무게가 실렸을 것이다. 그가 Junia(s)에 대해 더 구체적인 정보를 알고 있었던 것처럼 보였기 때문이다(아파메이아의 주교가 되었다는 기록). 반면에 크리소스토무스는 로마서 16:7을 통해 추론할 수 있는 것을 제외하고 다른 정보를

제공하지 못했다(하지만 에피파니우스는 브리스길라에 대한 잘못된 정보를 제공한다.).[27]

그러나 이보다 더 중요한 자료는 로마인에 관하여 현존하는 것 중 가장 오래된 오리겐(Origen, AD 252 사망)의 라틴어 인용이다. 그는 바울이 "Andronicus와 Junias, Herodian 모두 친척들과 동료 포로들이라 부른다고 말한다[*Andronicus, et Junias, et Herodion, quos omnes et cognatos suos, et concaptivos appellat*]."[28] 여기서 오리겐이 언급한 라틴어 Junias는 남성 단순 명사이며, 이와 같은 고대 번역이 신뢰를 얻을 만 하다면, 오리겐(고대 세계에서 가장 저명한 학자 중 하나였던)은 Junia(s)를 남성이라 여겼다는 것을 암시한다. 에피파니우스의 언급과 결부하여 오리겐의 인용은 고대 문헌이 Junia(s)을 남성으로 표현했다는 관점에 더욱 무게를 실어준다.

남자 이름이 -as로 끝나는 경우는 신약성경에서 드물지 않다. 안드레(Andreas, 마 10:2), 엘리야(Elias, 마 11:14), 이사야(Esaias, 요 1:23), 사가랴(Zacharias, 눅 1:5)가 그 예이다. A. T. 로벗슨A. T. Robertson은 -as로 끝나는 수많은 이름이 명백하게 남성형의 단축 형태임을 보여준다.[29] 신약성경에서 가장 분명한 예는 실루아노(Silvanus, 살전 1:1; 벧전 5:12)의 실라(Silas, 행 15:22)다.

따라서, 형태만으로 남성이름인지 여성이름인지를 결정하는 절대적인 방법은 없다. 즉, Junia(s)는 남성일수도 여성일 수도 있다는 말이다. 현존하는 모든 헬라 문학에서는 세 가지 예만을 찾을 수밖에 없기 때문에 누구도 Junia(s)가 여성이 확실하다고 주장할 수는 없다.[30] 또한, Andronicus와 Junia(s)가 짝을 이루어 나온다고 해도 브리스길라와 아굴라와 같이(롬 16:3) 남편과 아내의 관계일 필요는 없다. 로마서 16:12은 두 명의 여성이 짝을 이루어 나온다. "주 안에서 수고한 드루배나와 드루보사에게 문안하라." 드루배나와 드루보사가 두 여성인 것처럼 Andronicus와 Junia(s) 역시 두 남성일 수 있다.

(2) 유니아는 사도였을까? 그랬을 가능성이 희박하다. 문법적으로 RSV 번역본은 해당 구절을 "사도들 사이에 주목된"으로 번역하였고, 이는 사도들이 Andronicus와 Junia(s)를 깊이 존경했음을 뜻한다. (ESV는 "사도들에게 존중히 여겨지고[개역개정과 같은 의미로 번역]"로 번역하는데 이는 광범위한 문법연구에 의한 가장 가능성이 높은 번역이다.)[31] 따라서 이들 스스로가 사도는 아닐 것이다. 또한, Andronicus와 Junia(s)는 바울 이전에 그리스도인이었다. 바울이 그들을 가리켜 "사도들에게 잘 알려진"이라 말한 것은 그들이 오랫동안(바울이 오기 전부터) 해왔던 것으로

여겨지는 그들의 사역을 신중하게 염두에 두었기 때문일 것이다. 그들은 실제로 바울이 회심하기 전부터 사도들에게 잘 알려졌을 것이다.

(3) Junia(s)는 초대교회에서 엄청나게 권위적인 위치에 있었을까? 아마도 아닐 것이다. 사도라는 단어는 신약성경에서 다른 차원의 권위로 그리스도의 종을 가리킬 때 사용했던 단어다. 요한계시록 21:14에서는 사도들을 "어린양의 열두 사도"라고 칭한다(참고. 마 19:28; 행 1:15-26). 열두 사도는 그리스도의 부활을 증거하는데 특별한 역할을 담당한다. 바울은 부활하신 그리스도를 보았고 또한, 그리스도로부터 부르심을 받았음을 주장하여, 이러한 특별한 역할을 부여받은 그룹에 스스로를 포함시켰다(고전 9:1-2; 갈 1:1, 12). 바울의 동역자는 이같은 특별한 내부적 고리와 아주 밀접하게 관련이 있었다. 바울의 동역자로는 바나바(행 14:14), 실루아노와 디모데(살전 2:6), 예수님의 동생인 야고보(갈 1:19)이었으며, 이밖에 다른 이들도 있었을 것이다(고전 15:17).

마지막으로, 사도(헬라어는 $A\pi o\sigma\tau o\lambda o\sigma$)라는 단어는 넓은 의미에서 "사자"로 쓰였다. 빌립보서 2:25의 에바브로디도와 고린도후서 8:23의 여러 "교회의 사자들"을 예로 들 수 있다. 따라서 만약에 Andronicus와 Junia(s)가 이러한 의미에서 "사도"였다면, 그들은 일종의 순회사역에 해당하는 제3자 그룹에 속하였을 것이다. 만약에 Junia(s)가 여자라면 그의 남편과 함께 사도 바울의 여행에 동행했던 브리스길라와(행 18:18) 같은 범주에 위치했던 것으로 보인다. Andronicus와 Junia(s)의 사역은 중요했을 것이지만, 바울과 견줄 만큼 교회의 권위적인 지도자의 범주(고후 10:8; 13:10)에서 라고 보기는 어렵다.

39. 바울은 남자가 여자보다 먼저 창조되었다는 사실을(딤전 2:13) 남성이 이끌고 가르치는 일차적으로 책임지는 근거로 보았다. 하지만 남자보다 동물이 먼저 창조되었다고 동물에게 남자를 이끄는 책임을 지게하지 않는다. 어떻게 이러한 주장이 타당할 수 있는가?

이러한 주장의 문맥적 근거는 "처음 난 것(장자)"이 가정에서 특별한 리더십의 권리와 책임을 가진다는, 창세기에서 전반에 걸쳐 나타나는 가정에 근거한 것이다. 유대인들이 특별한 책임을 "장자"에게 지울 때, 아버지가 아들이 태어나기 전에 이미 소유하고 있었던 소는 그 책임에서 제외시킨다는 생각은 결코 가지지 않는다. 다른 말로 하면, 모세가 창세기를 기록할 때, 독자들이 동물을 사람과 동등하게 "장자"의 책임을 지는 대상으로 함께 묶지 않으리라는 것은 알았다. 그것은 우리에게도 마찬가지다.

동물 우선권에 대한 문제가 해결이 된다면, 복음주의 페미니스트들은 왜 하나님께서 남자와 여자를 순차적으로 창조하기를 선택하실 수밖에 없었는지를 받아들일 수 있게 될 것이다. 단순히 "순서가 리더십의 우선권을 뜻할 필요는 없다."라고 말하고 끝날 문제가 아니다. 진짜 문제는 "순서가 가지는 의미는 무엇인가?"이다. 왜 하나님께서는 남자와 여자를 동시에 만드시지 않으셨나? 레이 오트런드 주니어Ray Orlund Jr.는 『성경적 남자다움과 여자다움의 회복』에서 창세기 1-3장에 관한 본문을 취합하였다. 그가 취합한 모든 본문의 문맥을 따라가 보면, 하나님께서 아담을 하와보다 먼저 등장시키기로 결정하신 이유가 아담을 리더십의 일차적 책임자로 부르셨음을 암시하기 때문이라는 것이 가장 자연스러운 해석이 된다. 이는 신약성경을 통해 입증되는데, 바울은 "아담이 먼저 지음을 받고 하와가 그 후며"(딤전 2:13)라는 사실을 언급하여 교회에서의 남성 리더십에 대한 결론을 낸다.

40. **여성이 가르치는 것을 바울이 허용하지 않았던 이유가, 1세기의 여성은 잘 교육받지 못하였기 때문이라는 것이 사실인가? 하지만 이와 같은 이유가 오늘날에는 적용되지 않는다. 실제로 오늘날 여성은 남성과 같이 잘 교육을 받고 있고, 그렇다면 우리는 남성과 여성 모두 목사가 되는 것을 허용해야 하지 않나?**

이와 같은 이의제기는 적어도 세 가지 이유에서 성경 말씀과 일치하지 않는다. 첫째로, 바울이 여성들에게 "가르치는 것과 남자를 주관하는 것"(딤전 2:12)을 하지 말 것을 당부한 이유가, 여성이 교육을 잘 받지 못하였기 때문이라고 하지 않고 창조 원리를 거스르기 때문이라고(딤전 2:13-14) 분명히 하였다. 바울이 제시하지 않은 것을 가지고 논쟁을 전개하는 것은 위험하다.

둘째로, 정식 교육은 신약시대 교회에서 지도자의 조건이 아니었다. 당시 성경을 읽고 연구하기 위해 기본적인 식자율(읽고 쓸 줄 아는 능력)은 남성과 여성에게 모두 가능했지만(행 18:26; 롬 16:1; 딤전 2:11; 딛 2:3-4에서 언급) 심지어 몇몇 사도들조차도 정식적인 성경 교육을 받지 못했다(행 4:13). 파피루스에 기록된 "많은 여성은 교육을 받았고 재치가 있었다."라는 문구는, "널리 퍼진 읽고 쓸 줄 아는 능력"이 이집트와 로마 사회에 헬라어를 쓰는 여성들 사이에 있었음을 보여준다.[32]

셋째로, 신약 교회에서 교육을 잘 받은 여성이 있었다면 브리스길라일 것이다. 하지만 바울은 디모데전서 2:12을 기록하여 브리스길라와 아굴라의 모교회인 에베소로 보냈다(딤전 1:3). 주후 50년부터 바울은 브리스길라와 아굴라와 함께 51년에 에베소로 떠날 때까지(행 18:18-19, 21) 고린도에서 그들의 집에 18개월 동안 머물렀다(행 18:2, 11). 그 당시에도 브리스길라는 아굴라가 가르치는 것을 도울 만큼 성경을 잘 알고 있었다(행 18:26). 그 후 에베소에 머무는 3년 동안 브리스길라는 바울에게서 "모든 하나님의 뜻"(행 20:27; [참고. 행 20:31; 고전 16:19])을 배웠을 것이며 또한, 브리스길라 외에도 많은 여성이 브리스길라를 따라 바울에게 복음을 배웠을 것이다. 얼마 후, 아굴라와 브리스길라는 58년쯤 로마로 떠났다가(롬 16:3), 67년경에 바울이 그의 마지막 생애를 에베소에서 보냈다는 기록(딤후 4:19)으로 보아 이들도 역시 에베소로 다시 돌아왔을 것으로 보인다. 따라서 그들은 바울이 디모데전서를 기록한 시기인 65년쯤에 에베소로 돌아왔을 거라고 추측된다.(로마의 기독교 박해는 64년에 시작된다.) 그러나 잘 교육받은 브리스길라나

에베소의 다른 여성들이 교회의 공적인 집회에서 남성을 가르치는 것은 허용되지 않았다. 바울은 에베소에 편지를 보내면서 "여자가 가르치는 것과 남자를 주관하는 것을 허락하지 아니하노니"(딤전 2:12)라고 기록한다. 그 이유는 교육을 받지 못함이 아닌, 하나님의 창조질서에 있기 때문이다.

41. 가정과 교회에서 남성과 여성의 역할을 구분할 때 동성애를 언급한 이유는 무엇인가? ('질문 1' 참고) **대부분의 복음주의 페미니스트 역시 동성애 행위를 반대한다.**

우리는 성에 따른 역할의 차이를 최소화하려는 페미니스트들의 시도가 성정체성에 혼란을 가져오는 데 기여하고 있다고 생각하며, 특히 이들의 시도가 (부부의 역할의 차이가 최소화된 사회의) 2세대, 3세대 사회에 더 많은 동성애를 가져왔다고 믿기 때문에 '질문 1'에서 동성애를 언급하였다. 한때 동성애를 반대했던 복음주의자들 중 몇몇은 그들 속에 들어온 페미니스트의 주장에 의해서 동성연합을 찬성하는 쪽으로 기울고 말았다. 예를 들어, 토론토 대학의 임마누엘 칼리지Emmanuel College in the University of Toronto 구약 문학 교수인 게럴드 세퍼

드Gerald Sheppard는 정통 보수적 복음주의에서 양육을 받았고 복음주의 신학교에 다녔다. 하지만 최근 몇 년 동안 그는 목사직에 대한 여성 안수를 지지해왔다. 그는 더 나아가 "나에게는 이보다 훨씬 논란의 여지가 있는 게이와 레즈비언 기독교인이 우리의 교회에 참석하는 것뿐만이 아니라 사역하는 것까지도 이(여성 목사 안수)와 비슷한 문제이다…. 복음주의자들이 인정하는 것처럼, 나는 적어도 복음이 게이와 레즈비언의 연합도 이성 간의 관계를 규정하는 성경의 윤리와 동일하게 적용하는 방향으로 이끌어야 한다고 믿는다."라고 말하였다.[33]

다른 예로는 케렌 J. 토리젠Karen J. Torjesen이 있다. 그는 성적 관계에서 서열을 제거하는 것이 곧 이성 결혼의 우선성을 걷어내는 것이라고 말했다.

> 바울에게 있어서 성정체성에 대한 문제는 신학적으로 계층 체계와 관련이 있는 것처럼 보인다. 따라서 성경적 페미니즘과 레즈비언 문제도 반박의 여지없이 계층 체계와 얽혀있다고 말할 수 있다. 우리는 인간의 성정체성을 놓고 벌어지는 우리의 갈등이 오히려 전통적 사회 구조가 남성으로 하여금 여성에게 불평등한

위치에 놓는 것을 정당화시키려는 요구에 뿌리를 두고 있을 수 있다는 가능성에 대해 고심 할 필요가 있다. 계층 구조를 위협하는 것이 정말로 "결혼의 존엄성"을 해치는 것인가? 동성 관계가 위협적이 되는 것이 두렵기 때문인가?

복음주의 여성 전당대회The Evangelical Women's Caucus는 1986년 "EWCI에서 레즈비언 소수집단의 존재에 대한 승인"[35]을 해야 하는지를 두고 의견이 나뉘었다. 우리는 많은 복음주의 여성들이 여성 동성애를 지지하는 것으로부터 그들 스스로 거리를 두게 되어서 다행스럽게 생각한다. 그러나 중요한 것은 얼마나 많은 복음주의 페미니스트들이 여성 동성애를 지지하는 것을 "조직 내 성숙함을 향한 한 걸음"으로 (예: Nancy Hardesty 및 Virginia Mollenkott) 인식했느냐다. 다른 말로 하면, 이들은 창조 질서를 근거로 하는 성에 따른 역할 구분으로부터 멀어지고자 하는 운동을 규범적인 이성애주의로부터 벗어나는 피할 수 없는 선도적인 운동으로 보았다는 것을 뜻한다. 동성애를 받아들이지 않는 복음주의 페미니스트들이 이러한 논리에서 벗어나는 것이 점점 더 어려워질 것처럼 보인다.

폴 제퀫Paul Jewett은 동성애에 대한 특정 표현을 지지하는 쪽으로 나아가는 성경적 페미니즘의 움직임에 동의하는 것으로 보인다. 그는 1975년 『*Man as Male and Female*』을 통하여 남성과 여성의 동일한 역할을 주장하면서 다음과 같이 말했다. "여성과 구별되는 남성이 된다는 것이나 남성과 구별이 되는 여성이 된다는 것은 무엇을 의미하는가?"[36] 남녀의 역할은 확실하지 않다는 것이다. 이와 같은 주장은 이성애의 우선성을 유지하고자 하는 우리에게 좋은 징조가 되지 못한다. 1983년, 그는 존 보스 웰John Boswell이 동성애를 지지하는 변론에 논평을 하였다. 웰은 로마서 1:26-27에서 바울이 비난한 것은 동성애자들이 "본성"에 따라 행하는 동성애적 행위가 아니라 이성애자들이 행하는 동성애적 행위라고 주장했다. 제퀫은 다음과 같이 말하며 웰의 이러한 해석을 거부한다. "[바울에게] '본성'을 거슬러 역리대로 쓴다는 것은 한 개인의 본성을 거스른다는 것이 아니라 개인에게도 적용되는 인간의 포괄적인 본성을 거스르는 것이다."[37]

이 같은 제퀫의 발언은 만족할 만하지만 남성다운 혹은 여성다운 본성이 아닌 "인간의 포괄적인 본성"을 거스르는 죄라고 언급한 것에 우리는 여전히 의문을 가질 수밖에 없다. 이후 1985년 제퀫은 로빈 스크로그스Robin Scroggs의 저서인 『

신약과 동성애』*The New Testament and Homosexuality*에 대하여 논평하였는데, 여기서 그가 이성애를 지지하는 성경적 논거를 포기한 것처럼 보인다. 스크로그스는 신약에 나와 있는 동성애 행위와 관련이 있는 본문들이 실제로 "아무런 관련이 없을 뿐만 아니라 오늘날의 뜨거운 논쟁에 전혀 도움이 되지 않는다"라고 주장했다. 그 이유는 그 본문들이 말하는 '본성'은 자연적 성향인 동성애적 "전환inversion"을 말하는 것이 아니라, 동성애적 "도착perversion"을 말하고 있는 것이기 때문이다.[38] 이와 같은 스크로그스의 주장에 제퀫은 다음과 같이 대답하였다. "만약에 이것이 '본성'의 본래 의미라면-학문적 수준이 만족할 만한 것이고, 또 주장이 주도면밀했다면 이와 같은 주장도 상당히 설득력 있었을 것이다-신약성경이 반대하고 있는 바는, 일부 사람들이 태어나자마자 지니는 동성애적 성향과는 상당히 다른 것이었다."[39] (이 밖에도 더 최근에 와서는 짐 웰리스Jim Wallis, 안토니 캠폴로Anthony Campolo, 데이비드 네프David Neff 등 유명한 복음주의 페미니스트들이 공개적으로 헌신적인 동성애적 관계를 지지하였다.)[40]

'성경이 동성애적 행위를 죄로 본다'에 우리와 의견을 같이하는 복음주의 페미니스트들 조차도 그들의 자녀를 양육하는데 성 역할의 혼란이라는 매우 현실적인 어려움에 직면했다. 남성과 여성 사이 역할의 차이가 끊임없이 부정되고 축소되는 환경에서 어떻게 하면 아들이 남자다움을 기르고, 딸이 여자다움을 견고하게 기르게 할 수 있을까? 역할을 구별하는 유일한 것이 본성이 아닌 역량이라면 부모들은 자녀들의 성정체성을 형성하기 위해 무엇을 해야 할까? 만약 부모들이 아무런 조치를 취하지 않겠다고 한다면 아이들은 그들이 누구인지 혼란스러워 할 것이고, 따라서 우리의 상식과 많은 심리학적 연구는 자녀들의 동성애 성향을 발달시키게 될 가능성이 훨씬 높아질 것을 말한다. 참으로 안타깝게도 성경적 페미니즘은 자신도 모르는 사이에 성경적 결혼과 성경적 교회 질서의 기초를 제공하는 남성과 여성의 상호보완주의 구조를 와해시키는데 앞장서는 공범이라는 사실이 우리에게 점차 분명해지고 있다.

42. 당신의 성경 해석이 성경의 저자가 실제로 의도한 바가 아닌 당신의 배경과 문화에 더 영향을 받지 않았다는 것을 어떻게 확신하는가?

우리가 오류를 범하기 쉬운 존재라는 것은 뼈저리게 알고 있다. 우리는 문화와 전통 그리고 개인적인 성향의 영향력 외에도 사탄의 궤계의 화살 역시 느낀다. 우리는 각기 개개인의 경향을 가지고 있고, 과거와 현재의 모든 일반적이고 환경적인 제약에 영향을 받아 왔다는 것에 의심의 여지 없이 인정한다. 다만 교정 가능한 범위를 넘어서지 않기를 소망할 뿐이다. 하지만 동시에 성경은 이 세대를 본받지 말고 마음을 새롭게 함으로써 변화 받도록 우리를 격려하고 있기 때문에 우리는 거짓으로부터 어느 정도는 자유할 마음을 가질 수 있다는 것을 안다(롬 12:1-2).

페미니스트들이 현대의 평등주의를 전제로 한 엄청난 문화적 압력에 더 영향을 받았는지 아니면, 우리가 수 세기 동안에 걸친 가부장제도와 우리 자신 스스로의 남성적 욕구에 더 영향받았는지는 가늠하기 어렵다. 그렇기 때문에 부분적으로 잠재적인 영향에 기초하여 서로에게 의문을 제기하는 것은 모두에게 별로 유익이 되지 않는다. 이러한 점에서 우리는 모두가 의구심을 가지고 있다는 것이 사실이다.

그럼에도 불구하고, 우리가 붙들고 있는 신념에 대한 우리의 확신은 진리 추구의 다섯 가지 측면에 근거한다. (1) 우리는 정기적으로 우리의 동기를 점검하여 현실에 대한 참 인식을 훼손시킬 수 있는 모든 것을 스스로 비우고자 한다. (2) 우리는 하나님께서 우리에게 겸손, 학습 능력, 지혜, 통찰력, 그리고 공정성과 정직함을 주시기를 기도한다. (3) 우리는 성경 저자들의 본래 의도에 최대한으로 접근하기 위해 할 수 있는 한 최선의 방법을 사용하여 헬라어와 히브리어 성경을 연구하고, 우리의 생각을 성경의 타협 없고 불변하는 문법적, 역사적 사실에 굴복시키는 데 최선의 노력을 기울인다. (4) 우리는 우리가 연대기적 우월의식이나 문화적 근시안이 있지 않나 밝히기 위해 우리의 결론을 주해 역사와 비교한다. (5) 마지막으로, 우리는 우리의 결론을 현대 사역의 실제 세계에 적용하고, 성숙하고 경건한 사람들의 반응을 살펴본다. 그리고 우리가 성경을 주의 깊게 다루고 있다는 겸손한 확신 속에서 공개 토론회를 열어 모두가 보고 토론할 수 있도록 우리의 비전을 대중 앞에 제시한다.

43. 여성이 작곡한 찬송을 부르거나 여성이 쓴 저서를 추천하는 것은 허용하면서 왜 똑같은 내용을 들리도록 말하는 것은 허용하지 않는가?

우리는 여성이 같은 내용을 들리도록 말하면 안 된다고 말하지 않는다. 바울이 "성령으로 충만함을 받으라 시와 찬송과 신령한 노래들로 서로 화답하며"(엡 5:18-19)라고 말할 때, 우리가 상상하는 모습은 여성들이 하나님께서 그들에게 주신 것을 교회를 위해 회중에게 낭송하고 찬양하는 장면이다. (어떤 경우에는 고전 11:5에서 언급한 일종의 "예언"이 될 수 있다.) 게다가 우리는 여성뿐만 아니라 남성들도 마찬가지로, 이러한 시적인 사역을 통해 배우고 세워지며 용기를 얻게 된다는 필연적 사실로 기뻐한다.

물론, 우리는 여성이 다른 여성을 가르치는 소규모이거나 세계적인 사역을 배제하지 않아 왔다. 여기서 우리가 다루는 것은, 여성과 남성으로 이루어진 공동체에서 일차적으로 가르치는 지도자로서 역할의 한 부분(예를 들면, 장로직)을 여성이 수행해야 하는지에 대한 여부이다. 우리에게는 공적으로 성경을 회중에게 가르치는 것이 그런 부분이다. 반면에 개인적으로 여성이 쓴 저서(성경을 "가르치는" 성경 주석을 포함하여)를 읽는 것은 바울이 디모데전서 2:12에서 금지한 여성이 공개적으로 회중을 가르치는 것이라기보다는, 사도행전 18:26에서 아볼로, 브리스길라, 아굴라의 사적인 대화('질문 20' 참고)에 더 가깝다. 우리는 어떤 공적인 연설이 적절한지 아닌지 그 차이를 현명하고 사려 깊게 구별하는 것이 모호하다는 것을 인정한다. 하지만 우리가 기대하는 바는 구별할 수 있는 선을 어디에 그을지 정확한 일치에 도달하고자 하는 것이 아니라, 모두가 단언할 수 있는 근본적인 원리에 이르자는 것이다. 순종이라는 윤리적 가르침(예, 가난과 부, 분노와 용서, 정의와 비보복에 대한 예수님의 가르침)의 현대적 적용은 언제나 어려운 선택으로 가득 차 있다.

44. 여성에게 모든 직무와 역할을 할 수 있도록 허용하는 것은 우리 사회도 인식하는 공평성의 문제 아닌가?

우리는 공평성이라는 측면에서 문제가 갈수록 더 제기되고 있다는 것을 안다. 예를 들어, 니콜라스 월터스토프 Nicholas Wolterstorff는 "교회에서 제기되는 여성에 관한 문제 중 하나는 공평성이다… 여성은 남성에게 가난한 사람에게 거저 주는 자선을 요구하고 있는 게 아니다. 그들은 교회의 모든 위치에서 그들이 당연히 받아야 하는 것을 교회에 요구하고 있다. 그들은 교회 안에서 직무와 역할, 직분, 책임, 그리고 기회

를 부여받는 것에 왜 성별이 연관되는지 묻고 있다."라고 말한다.[41]

우리는 성별이 역할과 책임의 공평성을 결정하는데 분명히 관련이 있다고 생각한다. 아마 그 이유가 무엇인지 설명할 수 있는 최선의 방법은 신문회사인 미니애폴리스 스타 트리뷴Minneapolis Star-Tribune의 기사를 인용하는 것일 것이다.[42] 기사의 저자인 토마스 스토다드Thomas B. Stoddard는 케런 톰슨Karen Thompson과 샤론 코왈스키Sharon Kowalski라는 미네소타의 두 명의 레즈비언의 이야기를 전했다. "톰슨과 코왈스키는 서로 모든 면에서 일생의 반려자였다." 그러면서 그는 "법적인 면을 제외하고"라며 이어 말했다. (스토다드가 기사를 썼을 당시 미국의 모든 관할구역에서는 동성의 결혼을 허용하지 않았다.) "그녀들은 결혼을 서약했고 반지를 교환했다. 그리고 1983년 11월 13일, 코왈스키가 운전하던 차가 음주 운전자에게 치어 그녀가 심각한 부상을 당할 때까지 그녀들은 함께 살았다. 코왈스키는 걸을 수 있는 능력과 몇몇 단어를 한 번에 말할 수 있는 능력을 잃었고 지속적인 보살핌이 필요했다. 톰슨은 그녀의 파트너의 후견인이 되기 위해 법정에 요청했으나 코왈스키의 부모는 그녀의 청원을 거절했고 결국 코왈스키의 부모가 단독

후견인이 되었다. 코왈스키의 부모는 간호하기 위해 톰슨과 삼백 마일 떨어진 요양원으로 코왈스키를 옮겼고 모든 방문을 금지했다."

스토다드는 "미국의 수백만 성인 동성애자들이 선택한 결혼 생활을 박탈"하는 "도저히 말도 안 되는 불공평"의 비참한 결과를 설명하기 위해 이와 같은 이야기를 썼다. 그는 동성 결혼을 "가정을 구성하고 사회적 안정을 도모하는 것"이라고 주장했다. "점점 사랑이 사라져가는 세상에서 한 관계에 서로가 헌신할 것을 스스로 약속하기 원하는 사람들은 멸시하지 말고 오히려 격려해야 할 것이다. 그 사랑이 어떻게 표현되든 정부에게 어떠한 합법적인 이익은 없다."

스토다드의 발언은 다음과 같은 근본적인 질문을 불러일으켰다. 본성의 존재는 도덕적 의무와 어떤 관련이 있나? 우리가 남성이나 여성으로 태어남으로 인해 받게 되는 도덕적 제약에는 무엇이 있나? 하나님께서는 여성이 직면하는 여자다움의 도덕적 요구와 남성이 직면하는 남자다움의 도덕적 요구가 서로 다르도록 의도하셨나?

대답은 간단하지 않다. 한편으로 우리는 '아니오'를 외칠 것이다. 십계명은 남성과 여성에게 구분 없이 동일하게 적용된다. 다른 한편으로는, 우리 중 대부분이 '예'를 외칠 것이다. 한 남자가 다른 남자와 결혼하는 것은 죄이지만 한 여자가 한 남자와 결혼하는 것은 죄가 아니다(롬 1:26-27). 만약에 그렇다면, 우리가 다른 사람과 관계를 맺음에 있어서 우리의 도덕적 의무를 결정하는데, 본성gender은 아무런 영향을 끼치지 않는다고 말할 수는 없다.

한 남성이 한 여성과 마주하였을 때와 그가 한 남성과 마주하였을 때 직면하는 도덕적 의무는 동일하지 않다. 하나님께서는 다른 위치에서, 그리고 우리의 성정체성에서 본성과 도덕의 세계가 서로 교차하도록 미리 정하신 것이다.

최근 동성애자의 자존심gay pride이 출현할 때까지는, 오직 남성에게만 여성과 결혼할 권리를 부여하여 여성을 차별한다는 이유로 하나님을 비난한 사람은 거의 없었다. 역사적으로 볼 때, 하나님께서 오직 성을 근거로 인류의 절반을 여성의 합법적 배우자에서 제외하는 것을 부당하게 여기지 않았다. 우리는 결혼생활에서 이루어지는 거대한 감정과 행위의 관계를 맺는 대상으로 남성과 여성에게 인류의 반을 배제하는 것을 "적합하고", "타고난 것이며", "옳다고"(감히 "정당하다고") 여긴다.

이전의 세대에서, 우리의 자유가 엄청나게 제한되었던 것에 반해 전 세계적인 저항이 없었던 이유는 아마 우리 대부분이 적절하고 바람직하다고 여기는 것과 일치할 것이다. 하나님의 자비 안에서 하나님께서는 성정체성에 대한 도덕적 타당성이 세상에서 사라지는 것과 같이, 본성이 외치는 내적 음성이 왜곡되는 것을 허락하지 않으셨다.

복음주의 페미니스트들은 성이 결혼에 관한 공평성을 정의하는데 관련이 있다고 말할 수 있다. 왜냐하면, 남성과 여성의 해부학적 구조와 생물학적 원리는 무엇이 정의롭고 옳은지 가르쳐주기 때문이다. 그러나 우리는 묻는다. 과연 그것이 결혼의 유일한 근거인가? 이성간 결혼의 기초에 해부학적인 구조의 차이만이 있는가? 이 책의 논점 중 하나는 남성과 여성이 서로 결혼하는 근거로 해부학적 구조 외에 본성적 적합성natural fitness을 들 수 있다는 것이다. 여기에는 여성이나 남성의 심오한 개인적 특질이 우리의 상이한 몸에 나타나 있다. 에밀 브루너Emil Brunner는 다음과 같이 언급했다.

우리의 성정체성은 우리의 개성의 가장 깊은 형이상학적 배경을 관통한다. 결과적으로 남성과 여성의 신체적인 차이는 더욱 더

궁극적인 본성의 정신적, 영적 차이를 말하는 비유인 것이다.[43]

아니면 오토 파이퍼Otto Piper가 말했던 것처럼 "비록 [남녀의 차이가] 성에 기초를 두고 있지만 실제로는 이 차이가 개인적인 삶의 모든 측면을 다룬다."[44]

아마도, 만약에 '동성연합'의 정당성을 지지하지 않는 복음주의 페미니스트들이 취하는 위치가 단순히 해부학적 구조에만 근거를 두지 않고, 남자다움과 여자다움의 더 깊은 차이에도 근거를 둔다는 것에 동의한다면, 누가 누구와 결혼하는지에 관한 이슈를 제외하고, 상관관계가 있는 다른 이슈들 안에서 정당성의 본질nature을 충분히 생각해 볼 때, 그들은 최소한 우리가 왜 이러한 깊은 차이를 벌리기를 주저하는지를 이해할 수 있을 것이다. 이 책의 요점은, 누가 누구와 결혼하는지 결정하는 것뿐만 아니라, 관계에서 누구에게 일차적인 리더십을 부여하는지를 성경과 본성이 가르친다는 것이다.

45. 하와를 가리켜 아담을 돕는 "돕는 배필helper"이라 부르신 동일한 단어로, 하나님께서 우리의 "보혜사helper"이심을 성경에서 여러 차례 언급하셨다는 것이 사실인가? 그렇다면 이는 여성에

게 유일하게 순종하는 역할을 부여하셨다는 개념을 제외할 뿐만 아니라, 여성이 남성보다 더 권위적인 위치에 놓는 것이 아닌가?

하나님께서 종종 우리의 "보혜사"로 불리신다는 것은 사실이지만, 쓰인 단어 자체에는 지위와 권위에 관하여 아무런 의미가 없다. 하와를 가리켜 "돕는 배필"이라 말하는데 하와가 약한 사람을 돕는 강한 사람으로서 인지, 아니면 사랑으로 사랑의 지도자를 돕는 사람으로서 인지는, 본문의 맥락에서 결정해야 한다. 창세기 2:19-20에서 아담은 짐승들 중에 "도울 자"를 찾는다. 이러한 맥락에서 이해를 하면, "돕는 배필"이 하나님의 도우심과 동일한 단어로 읽을 필요가 없다는 것을 알 수 있다. 짐승은 남자를 도울 수 없다. 짐승은 남자의 돕는 자로 "맞지 않기" 때문이다. 그래서 하나님께서는 여자를 "남자에게서 취하여" 만드셨다(22절). 그래서 이제 남자의 본성을 공유하고, 남자와 동일하게 하나님의 형상을 닮은 개성을 가진, 남자에게 "맞는" 존재가 생긴 것이다. 그녀는 짐승과는 한없이 다르며, 하나님께서는 그녀의 역할을 어떠한 짐승도 감당할 수 없다는 것을 남자에게 보여줌으로, 그녀의 가치를 돋보이게 하셨다. 하지만 "도움이 되는" 짐승을 다 거치고 여자에게까지 이르러서야, 하나님께서는 에덴동산의 삶에서 충성 되고 적합한 돕는 자로서 여자가 남자의 "돕는 배필"임을 우리에게 가르쳐주신다.

이 질문은, 한 단어(돕는 배필과 같은)가 특정한 함축적인 의미("하나님과 같음")를 가진다고 해서 다른 모든 곳에서도 그와 같은 의미를 가질 것이라고 잘못 가정해서 생긴 결과이다. 이는 마치 하나님께서 우리에게 스스로를 "일하시는" 분이라 묘사하셨으니 누구도 자신의 상관에게 "일하는" 책임을 질 수 없다고 말하는 것과 똑같다. 실제로는 하나님께 그러한 의미로 "일하다"라는 단어를 사용할 수 없는데도 말이다.

46. 문자 그대로 고린도전서 7:3–5은 "남편은 그 아내에 대한 의무를 다하고 아내도 그 남편에게 그렇게 할지라. 아내는 자기 몸을 주장하지 못하고 오직 그 남편이 하며 남편도 그와 같이 자기 몸을 주장하지 못하고 오직 그 아내가 하나니. 서로 분방하지 말라 다만 기도할 틈을 얻기 위하여 합의상 얼마 동안은 하되 다시 합하라 이는 너희가 절제 못함으로 말미암아 사탄이 너희를 시험하지 못하게 하려 함이라."라고 말한다. 이는 남성의 일방적인 권위가 잘못되었음을 보여주는 게 아닌가?

그렇다. 하지만 우리가 이 본문을 최대한 활용하고 오용하는 것을 방지하기 위해 우리의 대답을 넓혀보도록 하자.

이 본문은 끔찍하게도 몰지각한 성적 요구나, 심지어는 외설적이고 모욕감을 주는 성적인 행위를 허가한 것으로 간주하는, 사랑이 없는 남성으로부터 오용될 수 있다. 어떤 남성이 다음과 같이 비꼬는 발언을 한다고 상상해보자. "성경은 당신이 나의 몸을 주장하지 못하지만, 나는 당신의 몸을 주장할 수 있다고 말하고 있어. 그리고 당신은 내가 시키는 대로 해야만 한다고도 말하고 있어." 우리가 이것을 오용이라 말할 수 있는 이유는, 본문이 아내에게도 남편의 몸을 주장할 수 있는 권한이 있다고 말하기 때문에 "마찬가지로 당신은 당신의 몸을 주장할 수 없지만 나는 할 수 있어. 그리고 내가 말하는데 당신의 몸으로 나에게 그런 식으로 하는 것을 원하지 않아."라고 대답할 수 있는 것이다. 우리가 오용이라 말할 수 있는 다른 이유는 바울이 민감한 영역에 대한 결정은 "합의에 따라" 내려져야 한다고 말하기 때문이다(5절).

이 본문은 성적 착취를 위한 허가서가 결코 아니다. 다음과 같은 성경의 명령, "존경하기를 서로 먼저하며"(롬 12:10), "오직 겸손한 마음으로 각각 자기보다 남을 낫게 여기고"(빌 2:3),

"그 자유로 육체의 기회를 삼지 말고 오직 사랑으로 서로 종 노릇 하라"(갈 5:13)를 성생활에 적용한 것이다. 따라서 우리가 주목해야 할 초점은 우리가 가진 취할 수 있는 권리가 아니라 우리가 갚아야 하는 빚에 있다. 바울은 "네가 원하는 것을 가져."라고 말하지 않는다. 오히려 "서로 빼앗지 말라."라고 말한다. 다른 말로, 배우자가 원하는 것이 여러분들의 능력 안에 있을 때 그렇게 하라는 것이다.

고린도전서 7:2부터 5절까지 본문에는 훌륭한 상호 의존성과 상호 호혜성이 가득하다. 남편이든지 아내든지 누구도 상대방의 몸을 더 주장할 수 있는 권리를 부여받지 않았다. 바울은 성적 행위를 일시적으로 중단하는 것을 고려할 때, 남편이든지 아내든지 누구도 일방적으로 의사결정을 하지 말 것을 당부한다. "서로 분방하지 말라 다만 기도할 틈을 얻기 위하여 합의상 얼마 동안은 하되(5절)."

이 본문이 남편의 리더십에 대해 암시하고 있는 것은 무엇인가? 성욕에 대해 상호 간에 양보하고, 일방적으로 계획하는 것을 포기하도록 요구하는 것이 결혼생활에서 전반적으로 이끄는 남성의 책임을 무효로 하는 것이 아닌가? 우리는 그렇게 생각하지 않는다. 이 본문은 확실히 리더십을 형성하고 그 리더십을 어떻게 행할 것인가에 대해 성경의 지도를 더하고 있다.

여기서 남편의 리더십이 이기적이고 일방적인 선택을 포함하지 않는 것을 분명히 한다. 그는 가장 이상적인 합의를 얻기 위해 언제나 노력할 것이다. 그는 그들이 친밀함을 형성하는데 아내의 성욕과 갈망이 자신의 것과 동일한 무게를 지니고 있다는 진실을 고려할 것이다.

이 본문은, 리더십이 '내가 하자는 대로'와 동의어가 아니라는 것을 명명백백하게 한다. 또한, 이 본문은 우리가 남성의 특별한 책임에 대해 권위라는 용어보다 ('질문 36'을 보라) 리더십이란 용어를 사용할 것을 선호하는 이유 중 하나다. 고린도전서 7장과 같은 본문은 잘못 이해하기 쉬운데, 그랬을 경우 권위의 개념을 아주 깊게 변질시키고 왜곡된 권위주의를 내포하고 있는 것으로 받아들일 수 있다. 권위의 개념에 대해 우리와 복음주의 페미니스트들 사이에는 차이점이 존재한다. 그들은 권위의 개념이 상호성mutuality 속으로 사라졌다고 생각하는 반면, 우리는 상호성에 의해 권위의 개념이 형성된다고 생각한다.

47. 당신이 가정과 교회 안에서 남성과 여성의 역할 구분이 하나님의 창조질서에 기반을 둔 것으로 믿는다면 어째서 가정과 교회에서와 마찬가지로 세속적 생활 모든 곳에서 그와 같이 적용할 것을 주장하지 않는가?

우리가 교회와 가정에서 그 밖으로 나간다는 것은 우리에게 분명하고 명료한 것에서 더 모호하고 추론이 필요한 것으로 나간다는 것이며, 성경이 명확하게 가르치고 있는 역할에서 성경이 명시하지 않는 명령에 관한 역할로 나가는 것이다. 그러므로 이러한 문제에서 우리의 강조점은 구체적인 역할에 대해 조언하는 것과는 점점 멀어지기 마련이다. 하지만 대신에 우리는 행실, 태도, 예절, 결단, 그리고 언급되었거나 언급되진 않았지만 바라는 것들과 같이, 관계의 더 주관적인 차원을 통하여 남성과 여성의 개인적인 성격을 인식하는 데 중점을 둔다.

우리는 남성이 가정의 리더십에 대하여 일차적인 책임을 지고, 교회에서 영적인 남성에게 일차적으로 가르치고 다스리는 리더십을 부여해야 함을 성경은 분명히 하고 있다고 믿는다. 이와 같은 역할 안에서, 우리는 이러한 성경의 가르침을 받아들여서 리더십의 본성과 남자다움과 여자다움이라는 본성에 관한 하나님의 선과 지혜의 성경적 표현이 되도록 하고자 한다. 하나님께서는 남성이나 여성의 일차적인 리더십을 통하여 성숙한 남자다움과 여자다움이 잘 보존되고 강화될지에 대한 여부를 우리 스스로 판단하도록 두시지 않았다. 하나님께서는 우리에게 무엇이 좋을지 분명하게 말씀하셨다. 하지만 우리에게는 무수히 많은 직업이 존재하고 그 직업에 따라 운영하는 방식 또한, 무한하고 다양하다. 이러한 환경에서 하나님께서는 남성과 여성이 구체적으로 어떤 역할을 채워야 할지를 정하지 않으시기로 작정하셨다.

그러므로 우리는 남성과 여성이라는 유일무이한 개성의 가치를 존중하는 것과는 다르게 이처럼 넓은 영역에서 어떤 역할이 남성 혹은 여성에 의해 행해져야 하는지는 확실하지 않다. 우리는 성경 자체가 두는 제한 말고, 우리가 제한을 만드는 것을 원치 않는다. 이러한 이유로 (몇몇을 제외하고) 우리는 어떤 역할이 적합한지보다 역할이 어떻게 행해지는지에 집중한다.

48. 결혼을 경험하지 못한 미혼 기독교인 여성이 어떻게 그리스도와 교회의 비밀에 들어갈 수 있나?

엘리자베스 엘리엇Elisabeth Elliot은 이에 해답을 제시해주었다. 우리는 그녀의 대답을 (헛되이) 발전시키기보다 직접 인용하는 게 적절해 보인다.

순결의 은사는, 하나님께서 쓰시도록 하나님께 다시 돌려 드리기 위하여 모든 사람에게 하나님께서 주신 것이기에, 그 값을 헤아릴 수 없고 다른 무언가가 대신할 수도 없는 선물입니다. 이는 결혼의 순결한 희생을 통하여 드려질 수 있고, 아니면 삶의 독신의 희생을 통해서도 드려질 수 있습니다. 이게 너무 높고 거룩하게 들리나요? 하지만 잠시 생각해 보십시오. 처녀는 남자를 전혀 알지 못하기 때문에 주님의 일에 전적으로 집중할 자유가 있습니다. 바울이 고린도전서 7장에서 말한 것처럼 "그녀의 삶의 목적은 몸과 영을 다 거룩하게 하려 하는 것입니다." 그녀는 그리스도의 신부로서 그녀의 마음을 매우 특별한 의미로 지키고, 자기 자신과 소유한 모든 것을 오직 하늘의 신랑에게만 바칩니다. 그녀가 주님의 사랑에 기꺼이 자신을 바친다면, 이제 더 이상 세상이나 그녀를 의심하는 그리스도인들에게 증명할 필요가 없습니다. 일상 속 "살아있는 희생"은 기혼 여성에게는 열려있지 않은 강력하고도 겸손한 증거이며 사랑을 발하는 것입니다. 저는 그녀가 우리보다 "비밀"에 더 깊게 들어갈 것이라 믿습니다.[46]

49. 많은 복음주의 학자들 사이에서도 남성과 여성의 문제에 대해 의견이 분분하다면 어떻게 평신도가 이러한 문제에 확신을 하는 게 가능하겠는가?

성경적 남자다움과 여자다움에 관한 협의회Council on Biblical Manhood and Womanhood는 두 가지 우려에 의해 세워졌다. 먼저 (1) "해석학적으로 기이한 주장의 보급과 수용이 증가하여 명백하게 이해하기 쉬운 의미의 성경 본문을 재해석하는데 사용될 수 있다"는 것과 (2) "성경의 권위를 위협함으로 성경의 명확성을 위태롭게 하고 일반인들에게도 기이한 해석들에 접근이 가능해지면서 오히려 기법적인 독창성의 제한된 영역 안으로 빠져들게 되는 결과를 낳게 된다."라는 것이다.[47]

성경을 진지하게 연구하는 학생들은 두 가지 위험 사이의 경계를 걸어가야 한다. 두 가지 위험 중 하나는, 역사적, 문법적 연구의 원칙을 무시하고 해석하여 과정을 지나치게 간과하는 단순화이다. 다른 위험은, 지위를 이용하여 평신도들에게 주장을 강요하거나 접근하기 쉽지 않은 자료와 복잡한 문맥적 부분을 강조하고자 하는 유혹이며, 그 결과 평신도들은 성경을 확신하며 이해하는 것을 단념하게 된다. 우리는 "그 모든 [바울의] 편지에도 이런 일에 관하여 말하였으되, 그중에 알기 어려운 것이 더러 있으니 무식한 자들과 굳세지 못한 자들이 다른 성경과 같이 그것도 억지로 풀다가 스스로 멸망에 이른다"(벧후 3:16)는 것을 깨닫는다.

그러나 우리의 강조는 모든 성경의 유용성에 중점을 두어야 한다고 믿는다. "모든 성경은 하나님의 감동으로 된 것으로 교훈과 책망과 바르게 함과 의로 교육하기에 유익하니 이는 사랑으로 온전하게 하며 모든 선한 일을 행할 능력을 갖추게 하려 함이라"(딤후 3:16-17). 우리는 성경의 유용성이 자신의 범위를 벗어났다고 생각하게 하여 진지하게 성경을 대하는 평신도들을 낙심시키는 것을 원하지 않는다. 또한, 우리는 신성한 영감에 의해 사도 바울이 그의 서신에서 직접성과 명확성에 충실했음을 강조하길 원한다. "이에 숨은 부끄러움의 일을 버리고 속임으로 행하지 아니하며 하나님의 말씀을 혼잡하게 하지 아니하고 오직 진리를 나타냄으로 하나님 앞에서 각 사람의 양심에 대하여 스스로 추천하노라"(고후 4:2).

우리는 평신도들이 논란이 되는 중요한 쟁점들을 우리의 죄와 무지의 근거로만 보지 말고 진리가 그만큼 중요하다는 것으로 인식할 수 있도록 격려한다. 진리는 얻기 위해 노력해야 할 가치가 있는 것이며, 해로운 오류는 반대가 없는 채로 하루도 이어갈 수 없게 해야 한다. 바울은 고린도교회 성도들에게 "먼저 너희가 교회에 모일 때에 너희 중에 분쟁이 있다 함을 듣고 어느 정도 믿거니와 너희 중에 파당이 있어야 너희 중에 옳다 인정함을 받은 자들이 나타나게 되리라"(고전 11:18-19)라고 말했다. 우리는 복음주의 페미니스트들의 진실한 기독교적 입장을 의심하려는 것이 아니다. 우리의 요점은 진리가 중요하다는 것이고 심각한 오류가 퍼져나가는 상황에서는 논쟁이 필요하다는 것이다. 그러므로 평신도들은 진리를 지키기 위한 싸움이 펼쳐지고 있다는 마음을 가져야 한다. 오늘날 우리가 믿음으로 당연히 받아들이는 많은 것들은 한때 맹렬한 논쟁을 거쳤으며 또한, 논쟁을 이기고 보존된 것임을 알아야 한다.

남성과 여성에 대한 논쟁에서, 우리는 평신도들이 스스로 생각하며, 학자들이 접하는 주장들을 고려하여 성경 안에서 흠뻑 젖어 들며, 바울이 빌립보서 3:15에서 약속한 것을 위해 진정으로 기도할 수 있기를 격려한다. "만일 어떤 일에 너희가 달리 생각하면 하나님이 이것도 너희에게 나타내시리라"(빌 3:15). 더 많은 지침을 얻길 원한다면, 우리가 이 문제에서 성령의 인도에 관하여 토론한 앞선 '질문 42'의 내용과 『성경적 남자다움과 여자다움의 회복』 26장, 페이지 418-20을 참고하기를 추천한다.

50. 만약에 많은 본문이 맹렬한 논쟁 중에 있다면, 그러한 논쟁들이 남자다움과 여자다움을 향한 우리의 시각에 어떠한 주요 영향을 끼치지 않게 하는 것이 좋은 해석의 원리(방법)가 되지 않을까? 마찬가지로 남성과 여성의 역할에 관한 문제에 대해, 교회에서 상당한 차이가 있기 때문에 믿음과 실천을 위해 교파적, 제도적, 회중적 기준을 정함에 있어서 중요도를 매우 낮은 수준의 것으로 보아야 하지 않을까?

논란 중에 있는 본문을 제쳐두는 것은 좋은 해석 방법이 아니다. 그 이유는 먼저 거의 모든 귀하고 중요한 것에 대한 성경 본문은 누군가에 의해 어떤 방식으로든 논란이 되었기 때문이다. 역사상 오늘날 같이 성경이라는 한 기치 아래 다원주의가 이렇게 성행한 적도 없다. 둘째로, 논쟁 중이기 때문에 우리가 아무런 입장을 취하지 않는다면 어떨지 상상해보자. 만약 그렇게 한다면 오히려 우리를 잘못된 곳으로 가게 만드는 사탄의 목적이 더욱 쉽게 이뤄질 수 있도록 도와주는 꼴이다. 사탄은 성경 본문의 진리를 무너뜨릴 필요도 없다. 그저 우리로 하여금 성경의 중요한 문제들을 한쪽으로 제쳐 놓기에 충분한 혼란만을 일으키면 된다. 셋째로, 여기서 사탄은 배제하더라도 우리 모두에게 선입견이 있기 때문이다. 그렇기 때문에 우리는 우리의 선입견에 들어맞는 부분은 강하게 주장하면서, 맞지 않는 본문은 소홀히 하는 것을 정당화하기 위해 잘못된 해석 원리를 적용할 가능성이 높다.

이런 의미들은 우리에게 그래첸 게블라인 홀Gretchen Gaebelein Hull의 저서 『섬기기에 동등합니다』*Equal to Serve*에서 채택한 성경해석학적 접근의 취약점을 보이고 있다. 그녀는 명확하고 논란의 여지가 없는 본문만을 선택한다. 그리곤 의미가 모호한 본문들은 문제에 대한 우리의 이해를 형성시키는 데 막대한 영향을 주지 말아야 한다고 말한다. 구체적으로 그녀는 창세기 1-2장과, 여성 리더의 예(예: 드보라, 훌다, 미리암, 아비가일 등), 여성에게 하신 예수님의 사역, 신약에서 여성 사역의 예에 구속적 여성의 평등성에 대한 본문을 추가로 택한다(고후 5:14-21과 같은 구절). 그러곤 남성의 머리됨과 같이 어떠한 형태의 구별을 분명히 틀린 것으로 간주한다. 또한, 여성과 남성에 대한 역할의 구분을 가르치고 있는 것처럼 보이는 신약성경의 모든 본문은 그 의미가 모호하며, 남자다움과 여자다움에 대한 우리의 비전을 형성하는데 전혀 도움이 되지 않는다고 말한다. 다음 문단에서 그녀가 하나님의 사랑에 대하여 그녀만의 방법을 보여주며, 그 방법으로 주변의 문제에 적용한다.

> 하나님에 대하여 내가 아는 바는 그는 참으로 사랑이심을 나타내셨다는 것입니다. 너무나 사랑하셔서 스스로 내려오시고 나를 위하여 죽으셨습니다. 그렇기 때문에 나는 내가 이해하지 못하는 저주받기를 비는 시편이나 가나안 전쟁 등은 한쪽으로 제쳐 놓습니다. 단지 하나님의 본성에 관한 몇몇 본문들이 나를 혼란스럽게 한다는 이유만으로 내가 이미 알고 있는 진리인 "하나님은 사랑이시다"를 버리지 않습니다. 그래서 우리는 여성에

관한 세 개의 "난해한 본문들"을 다뤄야 하는데 [고전 11:2-16; 14:33b-36; 딤전 2:8-15] 이들은 신약성경에서 찾을 수 있고 여성에게만 특정적으로 제한하고 있는 것처럼 보일 수 있는 본문들입니다. 여기에 우리는 골로새서 3:18, 에베소서 5:22-24, 그리고 베드로전서 3:1-6을 추가로 할 수 있습니다. … 그러므로 위 본문들은 주석학적으로, 해석학적으로, 그리고 신학적으로 "난해한 본문들"로 남아있기 때문에 우리는 정당하게 제쳐둘 수 있습니다.[48]

논쟁의 여지는 있지만 매우 중요한 본문들이 이와 같은 방식으로 "성별을 따지지 않는" 평등주의의 지배적인 주제 governing theme에 의해 침묵하게 된다. 이는 '본문에 논쟁이 있다면 그 본문은 사용하지 말라'라는 식의 원칙의 위험성을 설명한다. 그러나 우리는 오히려 주의 깊게 기도하는 마음으로 성경을 읽는 것을 계속하며, 어떠한 본문도 폐하지 말고 일관된 방식으로 성경의 관련된 본문을 해석하는 입장을 추구해야 한다. 그러고 나면 우리는 이러한 일관된 가르침에 순종해야 한다.

이제 우리는 "남성과 여성의 역할에 대한 교회 안에서의 커다란 의견 차이"라는 문제에 관하여 교회 안에서 커다란 의견 차이가 있다고 이 사항이 중요하지 않기 때문이 아니라는 것을 깨달을 필요가 있다. 교리 논쟁의 역사는 아주 중요한 사안들이 (덜 중요한 사안들도 마찬가지로) 심각한 논쟁의 주제였음을 우리에게 가르쳐준다. 실제로 논쟁이 지속한 기간과 그 기간 동안 논쟁의 강도는 오히려 논쟁에서 다루어진 사안들의 중요성에 대한 증거가 된다.

대부분의 교단, 기관, 및 교회의 예상되는 기준expected standard의 목록을 살펴보면 몇몇 조항(아마도 대부분)이 포함되어 있음을 발견하게 된다. 왜냐하면, 논란은 진리 주변에서 소용돌이치며 교회의 건강과 그리스도의 왕국의 공의cause를 위하여 태도를 분명히 취할 필요가 있기 때문이다.

많은 귀한 진리가 우리 역사의 한 지점에서 단순히 논쟁 없이 당연한 것으로 여겨졌기 때문에 지금 우리의 교리와 윤리적 기준에 포함되어 있지 않은 것일 수도 있다. 예를 들어, 동성애 행위와 특정 종류의 약물 남용에 대한 명확한 입장은 최근까지도 규범에 일반적으로 포함되지 않는다.

대부분의 기독교 교단, 기관 및 교회는 남편이 가정을 이끄는 일차적인 책임과, 영적인 남성이 교회를 이끄는 일차적인 책임을 오랫동안 당연하게 받아들여 왔다. 그렇기 때문에 이러한 성경적 진리는 공식적인 기준에서 명확한 입장을 받지 못했다. 명확한 입장의 부재는 상대적으로 덜 중요하다는 표시가 아니라 (거의 정반대로) 기독교 공동체 안에서 오랫동안 깊고 보편적인 가치로 여겨져 왔다는 표시이다. 따라서 우리는 지금 이례적인 상황이다. 하지만 우리는 급박한 문제에 비해 우리가 믿기에 덜 중요한 문제에 신앙과 실천의 제도적인 확정을 시도한다. 예를 들어, 유아 세례와 신자 세례에 관한 사안, 전천년주의 종말론에 대한 사안, 장로제, 회중제, 감독제에 대한 사안 등은 성 역할에 대한 문제보다 교회의 건강과 선교에 덜 위협이 된다.

더욱이 우리 문화에서 아무런 입장을 취하지 않는다는 것은 페미니스트들이 다방면에서 적용하여 변화하도록 하는 끊임없는 압력에 매우 결정적인 입장을 취하는 것이나 마찬가지다. 성역할의 구분을 공개적으로 지지하는 이들은 많은 기독교 리더들이 피하려는 수많은 비판을 받는다. 그러나 피할 수 없다. 왜냐하면 이는 우리가 인간으로서, 삶의 모든 것을 다루며 우리의 깊은 곳으로 가는 커다란 문제이기 때문이다. 우리는 여기서 하나님의 선물인 성적 상호보완성을 보존하기 위한 구체적인 전략을 세우기 위하여 조언하는 것이 아니다. 오히려 위급한 상황 속에서 무엇이 중요한지를 기독교 지도자들이 깨닫고 교회의 유익과 하나님의 영광을 위하여 어떻게 행해야 할지 하늘의 지혜를 구할 것을 호소하는 바이다.

부록

성경적 남자다움과 여자다움에 관한 댄버스 선언문

1987년 새로 구성된 성경적 남자다움과 여자다움에 관한 협의회(Council on Biblical Manhood and Womanhood, 약자 CBMW)는 매사츄세츠 댄버스에 모여 댄버스 선언문을 작성하였다. 선언문의 전문은 다음과 같다.

근거(Rationale)

우리의 목적은 이 시대의 현상에 따라 움직여 왔다. 우리가 깊은 우려와 함께 관찰한 이 시대의 현상은 다음과 같다.

1. 남자다움과 여자다움의 상호보완적 차이에 관하여 우리 사회에 불확실성과 혼란이 광범위하게 퍼졌다.
2. 남자다움과 여자다움의 아름답고 다양한 모습에서 벗어나 하나님께서 지으신 결혼의 틀을 깨뜨림으로 혼란을 초래

하였고, 그 혼란은 비극적인 결과를 낳았다.
3. 성경에서 묘사된 구원 받은 남편들의 사랑과 겸손의 리더십과 이러한 남편의 리더십에 대해 구원 받은 아내들의 지혜롭고 자발적인 지지 간의 아름다운 조화를 왜곡하거나 무시하는 것을 수반하는 페미니스트들의 평등주의 활동이 증가하였다.
4. 모성의 가치와 소명으로써의 가사 활동, 역사적으로 여성들이 수행한 많은 사역에 관한 양면성이 광범위하게 퍼졌다.
5. 성경적으로나 역사적으로나 불법적이고 변태적인 성적 관계에 대한 합법성을 주장하는 사람들이 증가하였고, 포르노와 같은 인간성에 대한 외설적 묘사가 증가했다.
6. 가정 안에서의 육체적, 정서적 학대가 급증했다.
7. 성경의 가르침에 따르지 않고 오히려 성경적인 믿음의 증거에 심각한 손상을 입히는 교회의 리더십에 관한 남성과 여성의 역할이 출현했다.
8. 명백하게 이해하기 쉬운 의미의 성경 본문을 재해석하면서 기이한 주장이 증가했다.
9. 성경의 권위를 위협함으로 성경의 명확성을 위태롭게 하

고, 일반인들에게도 기이한 해석들의 접근이 가능해지면서 기법적인 독창성의 제한된 영역 안으로 빠져드는 현상이 생겨났다.
10. 앞선 모든 것 이전에, 우리의 병든 문화를 반영하는 것이 아니라 성령의 능력 안에서 개혁할 수 있음에도 불구하고 매력적이고 근본적인 성경의 정통을 훼손시키면서까지 교회가 시대의 정신에 순응하려는 움직임으로 생겨났다.

신앙 고백(Affirmations)

성경의 가르침에 대한 우리의 이해를 바탕으로, 우리는 다음과 같이 고백합니다.

1. 아담과 하와 모두는 하나님의 형상으로 창조되었고, 인간으로써 하나님 앞에서 평등하며, 남자다움과 여자다움으로 구분된다(창 1:26-27; 2:18).
2. 남성과 여성의 역할의 구분은 창조 질서의 일환으로 하나님께서 정하신 바 이며, 모든 사람의 마음에 새겨져 있다
(창 2:18, 21-24; 고전 11:7-9; 딤전 2:12-14).

3. 결혼생활에서 아담의 머리됨은 타락 전 하나님에 의해 세워진 것이지 죄의 결과가 아니다(창 2:16-18, 21-24; 3:1-13; 고전 11:7-9).
4. 타락은 남성과 여성의 관계에 왜곡을 가져왔다(창 3:1-7, 12, 16)
   • 가정에서 남편의 사랑과 겸손의 머리됨은 지배domination나 수동성passivity으로 대체되는 경향이 있고, 아내의 지혜롭고 자발적인 순종은 권위를 침해usurpation하거나 비굴한 복종servility으로 대체되는 경향이 있다.
   • 교회에서 죄는 남성으로 하여금 세상적인 권력의 사랑하게 하고, 영적 책임을 포기하게 하며, 여성으로 하여금 그들에게 맡겨진 역할의 제한에 저항하게 하거나, 적합한 사역에서 그들의 은사를 사용하는 것을 등한시하게 한다.
5. 구약과 신약 모두에서 하나님께서는 남성과 여성의 역할에 동등하게 높은 가치와 존엄성을 부여하셨음을 분명히 나타낸다(창 1:26-27; 2:18; 갈 3:28). 또한, 구약과 신약 모두에서 가정과 언약 공동체에서 남성의 머리됨의 원리를 명확히 한다(창 2:18; 엡 5:21-33; 골 3:18-1; 딤전 2:11-15).

6. 그리스도 안에서 구속은 저주에 의해 생긴 왜곡을 제거하는 것을 지향한다.
   - 남편들은 가정에서 부당하고 이기적인 리더십은 버리고 아내들을 사랑하고 돌보아야한다. 아내들은 남편들의 권위에 저항하지 않으며, 남편들의 리더십에 기꺼이 기쁨으로 순종해야한다(엡 5:21-33; 골 3:18-19; 딛 2:3-5; 벧전 3:1-7).
   - 그리스도 안에서 구속은 남성과 여성에게 교회에서 동등한 몫의 구원의 축복을 준다. 그럼에도 불구하고 교회 내의 일부 다스림과 가르침은 남성에게만 허용된다.
7. 그리스도는 인생의 모든 면에서 절대적 권위이시며 남성과 여성의 지침 되시기 때문에 어떠한 세속적인 순종도 인간의 권위가 죄를 따르게 하는 권한을 가지고 있다는 것을 내포하지 않는다(단 3:10-18; 행 4:19-20; 5:27-29; 벧전 3:1-2).
8. 남성과 여성 모두에게 있어서, 진정한 의미에서 사역으로의 부르심은 특정한 사역에 대한 성경의 기준을 무효로 하는데 사용되어서는 안 된다(딤전 2:11-15; 3:1-13; 딛 1:5-9). 오히려 성경의 가르침은 하나님의 뜻에 대한 우리의 주관적인 분별을 점검하기 위한 권위로 남아야 한다.
9. 현지 복음 사역의 영역 밖에 있는 전세계 인구 절반과, 복

음은 들었지만 잃어버린 수많은 사람들과, 질병, 영양실조, 노숙, 문맹, 노인, 중독, 범죄, 수감, 우울증, 외로움 등의 압박과 고통에 시달리고 있는 사람들에게 말씀과 역사를 통하여 은혜를 나타내시는 하나님의 열심을 느끼는 사람이라면, 남성이든 여성이든 언제나 그리스도의 영광과 타락한 이 세상의 유익을 성취시키는 사역을 하며 살 것이다(고전 12:7-21).

10. 우리는 이러한 원칙을 부인하거나 등한시하면, 우리 가정과 교회 그리고 문화의 전반에 걸쳐 점점 파괴적인 결과를 초래할 것이라고 확신한다.

우리는 관심 있는 분들에게 댄버스 선언문을 사용, 복제, 및 배포를 허용하며 장려합니다. 댄버스 선언문 사본을 원하시는 분은 다음 웹사이트에 방문하십시오. www.cbmw.org

주

머리말: 상호보완성

1. Larry Crabb, *Men and Women, Enjoying the Difference* (Grand Rapids, MI: Zondervan, 1991), 174.

2. Charles W. Colson, "What Can Gender Blending Render?" *World 5* (March 2, 1991): 11.

3. Wayne Grudem, *Evangelical Feminism and Biblical Truth: An Analysis of Over 100 Disputed Questions* (Sisters, OR: Multnomah, 2004; Wheaton, IL: Crossway, 2012); Wayne Grudem, *Evangelical Feminism: A New Path to Liberalism?* (Wheaton, IL: Crossway, 2006); 와 John Piper, *What's the Difference? Manhood and Womanhood Defined According to the Bible* (Wheaton, IL: Crossway, 1990)을 보라.

50가지 핵심 질문들

1. "Mission & Vision," The Council on Biblical Manhood and Womanhood, accessed June 3, 2015, http://cbmw.org/mission–

vision/.

2. John Piper and Wayne Grudem(편), *Recovering Biblical Manhood and Womanhood: A Response to Evangelical Feminism* (Wheaton, IL: Crossway, 1991). 2006년 새로운 머리말과 함께, 이 책과 동일한 제목으로 J. Ligon Duncan과 Randy Stinson에 의해 재출판 되었다.

3. 이와 같은 결혼 양식은 남편과 아내 모두가 서로에 대한 태만과 학대로부터 생겨난 모습을 포함한다. 댄버스 선언문에서 언급한 바와 같이 "가정에서 남편의 사랑과 겸손의 머리됨은 지배나 수동성으로 대체되는 경향이 있고, 아내의 지혜롭고 자발적인 순종은 권위를 침해하거나 비굴한 복종으로 대체되는 경향이 있다." 우리의 목표는 그리스도께서 진짜로 의도하신 그리스도와 교회와의 관계와 같은 모습으로 남편과 아내, 양쪽 모두가 고취될 수 있도록 노력하는 것이다.

4. 에베소서 5:21의 두 관점은 본 책이 취하는 입장과 동일하다. 하나의 관점은 본문이 모든 그리스도인들이 다른 이들에게 "상호 복종"할 것을 가르치고 있다는 것인데, 22절부터 33절까지는 복종의 구체적인 유형을 제시한다. 이러한 해석은 성경의 전반적인 윤리적 가르침과 동일하며, 사랑과 배려, 그리고 다른 이들을 향한 자기희생이라는 의미 안에서 우리가 "서로에게 복종해야 한다"라고 말하기에 합당하다.

그러나 상호보완주의자들 간에 합의한 광범위한 범위 내에서(예를 들자면, 앞서 언급한대로 우리가 편집한 두꺼운 책인『성경적 남자다움과 여자다움의 회복』에서 언급한대로) 에베소서 5:21을 다르게 해석할 수 있는 여지가 있다. 즉 본문이 "상호 복종"을 말하고 있는 것이 아니라 오히려 남편이나 부모, 아니면 고용주들(5:22; 6:1, 5)과 같이 하나님께서 우리에게 허락하신 권세에 복종해야함을 가르친다는 것이다. 이런 식으로 5:21을 "그리스도를 두려워하기 때문에 서로에게(일부에게) 복종하는 것"으로 바꿔 표현할 수 있다.

이러한 대안적인 견해의 주된 논거는 헬라단어인 *hypotasso* ("복종하다") 자체이다. 많은 사람들이 이 단어의 뜻이 "(다른 사람을 향하여)사랑 안에서 이해하며 사려 깊게 행하다"라고 주장해왔지만, 이 용어가 항상 권세에 대한 복종의 관계를 함축하고 있기 때문에 1세기 헬라어를 사용하는 사람이 그렇게 이해했을 것이라고 생각하기 어렵다. 이 단어가 신약의 다른 곳에서도 사용되었는데, 육신의 부모의 권위에 예수님께서 순종(눅 2:51), 귀신들이 제자들에게 항복(눅 10:17, "사랑 안에서 사려 깊게 행하다"라는 의미는 명백하게 여기에 맞지 않다), 국민이 정부의 권세들에게 복종(롬 13:1, 5; 딛 3:1; 벧전 2:13), 만물이 그리스도께 복종(고전 15:27; 엡 1:22), 보이지 않는 영적 능력들이 그리스도께 복종(벧전 3:22), 그리스도께서 하나님 아버지께 복종(고전 15:28), 성도들이 교회의 지도자들에게 순종(고전 16:15-16 [클레멘트 1서 42:4]; 벧전 5:5), 아내들이 남편들에게 복종(골 3:18; 딛 2:5; 벧전 3:5; 엡 5:22, 24 참조), 교회가 그리스도께 복종(엡 5:24), 종들이 상전들에게 순종(딛 2:9; 벧전 2:18), 그리스도인들이 하나님께 복종(히 12:9; 약 4:7)한 경우를 예로 들 수 있다. 앞서 든 예 중 어느 관계도 뒤바뀌지 않는다. 남편들이 아내에게 복종(*hypotasso*)하라고 절대 말하지 않으며, 정부가 국민들에게, 상전들이 종들에게, 제자들이 귀신들에게 등등 관계가 뒤바뀌어 복종하라고 말하지 않는다. (사실 신약 밖에서는 이 용어가 군대에서 병사들이 상관들에게 복종과 순종함을 묘사할 때 쓰인다. Josephus, *Jewish War* 2.566, 578; 5.309를 보라. 클레멘트 1서 37:2에 나오는 부사, *hypotasso* [수동태]는 "순종적이다"로 정의하는 Henry George Liddell and Robert Scott, *A Greek-English Lexicon*, rev. Henry Stuart Jones and Roderick McKenzie, suppl. E. A. Barber 외, [Oxford: Clarendon, 1968], 1897를 참고). *hypotasso*는 이 단어가 쓰인 곳에서 절대 "상호적"인 의미로 사용되지 않는다. 권위에 대한 순종과 관련하여 항상 일방향적이다. 따라서 우리는 왜 우리가 에베소서 5:21의 *hypotasso*를 전혀 다른 사용되지 않는 의미를 부여해야하는지 질문할 수 있다.

따라서 5:21이 상호적 복종을 암시한다고 말하는 것은 그 구절을 잘못 이해한 것이라 볼 수 있다. 심지어 5:22-24에서 아내들이 모든 사람이나 모든 남편에게가 아니라 "그들의 남편"에게 복종해야함은 바울이 "복종"을 말할 때 다른 사람에게 대한 일반적인 배려심이 아닌 상위 권위에 대한 특별한 복종을 염두에 두고 한 말이기 때문이다. 그런데 22절에서 동사 hypotasso(암시적으로든 명시적으로든)가 21절에서와 똑같은 의미로 사용되어서는 안 되는가?

상호 복종에 대한 해석은 아주 일반적이다. 왜냐하면 해석가들은 헬라어 대명사 alleous("서로")는 완전히 상호적이어야 한다고 가정하기 때문이다. 즉 "모두가 모두에게"라는 뜻이어야 한다. 실제로 alleous가 "모두가 모두에게"라는 뜻으로 사용된 몇몇 본문이 있다. 하지만 이 단어가 사용된 모든 경우에 해당되지 않으며, 반드시 그러한 의미를 가질 필요는 없다. 오히려 이 단어는 종종 "어떤 이들이 다른 이들에게"라는 의미로 사용된다. 예를 들어, 요한계시록 6:4의 "사람들이 서로 죽이는 일이 벌어지도록"은 "어떤 사람이 다른 사람을 죽일 것이다"("모든 사람이 다른 모든 사람을 죽일 것이다"아니면, 앞뒤가 맞지 않는 "죽임을 당한 사람들이 그들을 죽인 사람들 상호간에 서로 죽일 것이다"라는 의미가 아니라)를 의미하고, 갈라디아서 6:2의 "너희가 짐을 서로 지라"는 "모든 사람들은 다른 모든 사람들과 짐을 교환해야한다"는 것이 아니라 "더 감당할 수 있는 어떤 사람들은 덜 감당할 수 있는 다른 사람들의 짐을 지도록 해야 한다"라는 의미다. 또한, 고린도전서 11:33에서 "먹으러 모일 때에 서로 기다리라"는 것은 "먹을 준비가 먼저 된 사람들은 아직 안 된 사람들을 기다려라"라는 의미이다(다음은 이 단어가 완전히 상호적인 의미로 사용되지 않은 용례이다 – 눅 2:15; 12:1; 24:32 참고.) 마찬가지로, 에베소서 5:21에서 *hypotasso*의 이어지는 문맥으로나 의미로나 여기서 *allelous*의 의미는 "어떤 이들이 다른 이들에게"이며, 그렇기 때문에 이 구절은 "권위 하에 있는 사람들은 너희 중에 권위를 가지고 있는 사람들에게 복종해야한다"라는 뜻으로 이해될 수 있다.

따라서 이와 같은(두 번째) 해석에 의하면, 에베소서 5:21에서 바울이 "상호 복종"이 아니라, 타당한 권세들에게 복종해야함을 명령하고 있다고 말하는 것이 가장 합당하게 보인다.

5. Wayne Grudem, *Evangelical Feminism and Biblical Truth*, 544 – 99.
6. 앞선 주 5번에서 인용한 연구 자료를 보라.
7. 바울 시대에 "머리"라는 의미로 사용했다는 가장 유력한 헬라 증거 중 하나는, 몸에서 리더십의 역할을 감당하는 머리의 모습을 묘사한 알렉산드리아의 필로이다. "Just as nature conferred the sovereignty [hegemonian] of the body on the head when she granted it also

possession of the citadel as the most suitable for its kingly rank, conducted it thitherto take command and establish it on high with the whole framework from neck to foot set below it, like the pedestal under the statue, so too she has given the lordship [to kratos] of the senses to the eyes." Special Laws 3.184.

8. Mary Stewart Van Leeuwen, *Gender and Grace: Love, Work, and Parenting in a Changing World* (Downers Grove, IL: InterVarsity Press, 1990), 238.

9. 『남자다움과 여자다움의 회복』을 집필하기 위해 우리가 이 논문을 작성할 때, '질문 17'에 답하기 위해서 가장 많이 참고한 논문은 J. E. Crouch의 *The Origin and Intention of the Colossian Haustafel*, Forschungen zur Religion und Literatur des Alten und Neuen Testaments 109 (Göttingen: Vandenhoeck und Ruprecht, 1972) 이다. 영문으로 번역한 표면적 평행선ostensible parallels의 예를 읽을 수 있다. 이 주제에 대한 영문으로 된 가장 최근 연구로 James P. Hering, *The Colossian and Ephesian Haustafeln in Theological Context: An Analysis of Their Origins, Relationship, and Message*, American University Studies, ser. 7, Theology and Religion 260 (New York: P. Lang, 2007); M. Y. McDonald, "Reading the New Testament

Household Codes in Light of New Research on Children and Childhood in the Roman World," *Studies in Religion* 41, no. 3 (2012): 376-87를 보라.

10. 헬라어 *prostatis*는 "지도자"가 아닌 "돕는 자" 혹은 "후원자"라는 의미를 가진다. 성경에서는 이 단어가 본 구절에서만 사용되었다.

11. 『남자다움과 여자다움의 회복』의 몇몇 기고자들은 신약의 예언에 대한 우리의 관점에 동의하지 않는다. 그들은 신약시대에 나타난 예언의 은사는 역사적으로 계시되는 시기에 한정적으로 나타났으며, 하나님의 무오한 권위의 말씀으로 이루어졌기 때문에 오늘날까지 계속되지 않는다고 말할 것이다. 또한 그들은 이러한 의미에서 여성들은 예언을 할 수 있으나 가르치지는 못하는데, 그 이유는 권위가 사람에게나 가르칠 때 하는 설명에 있지 않고 명백하게 말씀에 있기 때문이다.

12. 신약에서 예언에 대한 이와 같은 이해는 다음 저서에서 발전되었고 변론되었다. Wayne Grudem, *The Gift of Prophecy in the New Testament and Today* (Wheaton, IL: Crossway, 1988); Graham Houston, Prophecy: *A Gift for Today?* (Downers Grove, IL: InterVarsity Press, 1989); D. A. Carson, *Showing the Spirit*: A Theological Exposition of 1 Corinthians 12-14 (Grand Rapids, MI:

Baker, 1987). 신약에서 예언에 대한 이와 같은 관점은 본 저서의 저자들이 고수하는 바다. 『남자다움과 여자다움의 회복』의 몇몇 기고자들은 신약의 예언에 대한 다른 관점을 가지고 있다.

13. 주 11과 12를 보라.

14. Wayne Grudem의, "Prophecy, Yes, but Teaching, No: Paul's Consistent Affirmation of Women's Participation without Governing Authority," *Journal of the Evangelical Theological Society* 30, no. 1 (March 1987): 11 – 23를 보라.

15. Ruth Tucker, *Guardians of the Great Commission: The Story of Women in Modern Missions* (Grand Rapids, MI: Zondervan, 1988).

16. Ibid., 38.

17. Ibid., 47.

18. Ibid., 83.

19. A. J. Gordon, "The Ministry of Women," *Gordon-Conwell Monograph* 61 (South Hamilton, MA: Gordon-Conwell Theological Seminary, n.d.), 10. Originally published in *Missionary Review of the World*, n.s., 8, no. 12 (December 1894): 910 – 21.

20. Dr. and Mrs. Howard Taylor, *Hudson Taylor and the China Inland Mission: The Growth of a Work of God* (London: The Religious Tract

Society, 1940), 397–98.

21. Tucker, *Guardians of the Great Commission*, 117.

22. John White, *When the Spirit Comes with Power: Signs and Wonders among God's People* (Downers Grove, IL: InterVarsity Press, 1988), 128.

23. Thesaurus Linguae Graecae (Irvine: University of California at Irvine, 1987), Pilot CD-ROM #C.

24. *Plutarch's Lives of Illustrious Men*, trans. John Dryden (New York: John Wurtele Lovell, n.d.), 3:359.

25. *Index discipulorum* 125.19–20.

26. John Chrysostom, *Homilies on the Epistle of St. Paul the Apostle to the Romans* 31.7, in *A Select Library of the Nicene and Post-Nicene Fathers of the Christian Church*, ed. Philip Schaff, first ser., vol. 11 (Grand Rapids, MI: Eerdmans, 1956), 555.

27. 유니게Junia와 관련하여 인용한 내용의 가까운 문맥은 우리를 당혹스럽게 한다. 우리는 신약성경으로부터 그녀가 여성이었다는 것을 알고 있지만 에피파니우스Epiphanius는 로마서 16:3에서 언급된 브리스가Prisca를 남성으로 표기한다.

28. Origen, *Commentaria in Epistolam B. Pauli ad Romanos*, in

Origenis: Opera Omnia, vol. 14 of *Patrologia Graeca*, ed. J. P. Migne, col. 1289. 이 저작물은 Rufinus(약 AD 345 - 약 410)의 라틴어 번역본으로 보존되었다.

29. A. T. Robertson, *A Grammar of the Greek New Testament in the Light of Historical Research* (New York: Hodder and Stoughton, 1914), 171 - 73.

30. 그렇지만 Junia는 라틴어에서 흔히 사용되는 여성의 이름이며, 이는 몇몇 최근 번역에 Junia로 사용할 것을 종용했다.

31. 헬라어에서 이러한 구조는 형용사 *episēmos*("잘 알려진")를 "사도들"을 나타내는 여격과 함께 사용한다. 성경외 헬라어 문헌에 대한 광범위한 연구에도 불구하고 Michael Burer는 이러한 구조가 언제나 "잘 알려진"(사람이 여격으로 불렸을 때)을 뜻하지만, 반면에 그 누군가가 한 공동체에 "잘 알려진" 사람이며, 그 그룹에 속해 있는 사람이라면, 헬라 작가들은 일괄적으로 소유격으로 사용했다는 것을 제시했다. Michael Burer, "Ἐπίσημοι ἐν τοῖς ἀποστόλοις in Rom 16:7 as 'Well Known to the Apostles': Further Defense and New Evidence," *JETS* 58, no. 4 (2015): 731 - 55를 보라.

32. N. G. L. Hammond and H. H. Scullard, eds., *Oxford Classical Dictionary*, 2nd ed. (Oxford: Clarendon, 1970), 1139.

33. Gerald Sheppard, "A Response to Ray Anderson," *TSF Bulletin* 9, no. 4 (March–April 1986): 21.

34. Karen J. Torjesen, "Sexuality, Hierarchy and Evangelicalism," *TSF Bulletin* 10, no. 4 (March–April 1987): 26–27.

35. "Gay Rights Resolution Divides Membership of Evangelical Woman's Caucus," *Christianity Today* (October 3, 1986): 40–43.

36. Paul Jewett, *Man as Male and Female: A Study in Sexual Relationships from a Theological Point of View* (Grand Rapids, MI: Eerdmans, 1975),

37. Paul Jewett, "An Overlooked Study: John Boswell on Homosexuality," *Reformed Journal* 33, no. 1 (January 1983): 17.

38. Robin Scroggs, *The New Testament and Homosexuality: Contextual Backgrounds for Contemporary Debate* (Philadelphia: Fortress, 1983), 129.

39. Paul Jewett, review of *The New Testament and Homosexuality: Contextual Backgrounds for Contemporary Debate*, by Robin Scroggs, Interpretation 39, no. 2 (April 1985): 210.

40. Jim Wallis에 대하여는 Leigh Jones, "Jim Wallis Announces Support for Same-Sex Marriage," World, April 8, 2013, http://www.

worldmag.com/2013/04/jim_wallis_ announces_support_for_same_sex_marriage를 보라. Tony Campolo와 David Neff의 동성 결혼에 대한 입장은 Warren Cole Smith, "Jockeying for Position on Same-Sex Marriage," World, June 10, 2015, http://www.worldmag.com/2015/06/jockeying을 보라

41. Nicholas Wolterstorff, "Hearing the Cry," in *Women, Authority, and the Bible*, ed. Alvera Mickelsen (Downers Grove, IL: InterVarsity Press, 1986),

42. Thomas B. Stoddard, "Gay Adults Should Not Be Denied the Benefits of Marriage," *Minneapolis Star-Tribune*, March 7, 1989, 11A.

43. Emil Brunner, *Das Gebot und die Ordnungen: Entwurf einer protestantischtheologischen ethik* (Tubingen: J. C. B. Mohr/Paul Siebeck, 1933), 358.

44. Otto Piper, *Christian Ethics* (London: Thomas Nelson and Sons, 1970), 299.

45. *Recovering Biblical Manhood and Womanhood*의 제1장, 44–45, 50–52을 보라.

46. Elisabeth Elliot, "Virginity," *Elisabeth Elliot Newsletter*, March/April

1990, 2-3.

47. 이 인용문은 성경적 남자다움과 여자다움에 관한 댄버스 선언문에서 발췌하였다. (부록을 참고하라)

48. Gretchen Gaebelein Hull, *Equal to Serve: Men and Women in the Church and Home* (Old Tappan, NJ: Fleming H. Revell, 1987), 188-89.